未知之路

巴克里希纳·多西自传
Balkrishna Doshi
PATHS UNCHARTED

U0330384

未知之路

巴克里希纳·多西自传
Balkrishna Doshi
PATHS UNCHARTED

[印] 巴克里希纳·多西　著
任浩　译

中国建筑工业出版社

著作权合同登记图字：01-2020-6967

图书在版编目（CIP）数据

未知之路：巴克里希纳·多西自传/（印）巴克里
希纳·多西（Balkrishna Doshi）著；任浩译.—北京：
中国建筑工业出版社，2020.10

书名原文：PATHS UNCHARTED

ISBN 978-7-112-25442-2

Ⅰ.①未… Ⅱ.①巴…②任… Ⅲ.①巴克里希纳·
多西-自传 Ⅳ.①K833.516.16

中国版本图书馆CIP数据核字（2020）第175192号

责任编辑：戚琳琳　孙书妍
责任校对：王　烨

未知之路　巴克里希纳·多西自传

Balkrishna Doshi

PATHS UNCHARTED

［印］巴克里希纳·多西　著

任浩　译

*

中国建筑工业出版社出版、发行（北京海淀三里河路9号）

各地新华书店、建筑书店经销

北京锋尚制版有限公司制版

北京中科印刷有限公司印刷

*

开本：880毫米×1230毫米　1/32　印张：12⅝　字数：325千字

2021年1月第一版　　2021年1月第一次印刷

定价：58.00元

ISBN 978-7-112-25442-2

（33683）

献给

我的母亲拉达，
为了她恒久的存在和对我的指引。

我的妻子卡玛拉，惹人爱的卡玛，
为了她在我们的人生之旅中所作的友好而明智的忠告。

致谢

回忆人的一生，从本质上说是一个随机选择的过程。尽管我乐在其中，对于那些让本书得以成型的人来说，也都是一项艰巨的工作。

首先，我要感谢普拉那利·帕里克（Pranali Parikh）辨别整理我的日记、讲座提纲，将录音整理成文字，最后汇编成集。

我最需要感谢的人是穆纳（Munna），就是 Muktirajsinhji Chauhan，他对有 7 万多个词的文件作了筛选和编辑等，使其更易阅读，让地点、人物、事件的转换显得自然流畅。

20 多年来，我的合伙人拉吉夫·卡特帕利亚（Rajeev Kathpalia）总是和我亲密无间，我们在桑珈（Sangath）分享快乐和忧伤，发展我们的事业。他支持本书的写作，几年来一直鼓励我，想出新的点子，提供好的建议。我非常感谢他。

我要由衷地感谢我的外孙女库什努·潘萨基·胡夫（Khushnu Panthaki Hoof），作为合伙人和私人评论家，10 年来她编辑草图和笔记，汇编成书，把那些松散的段落紧密联系起来，还帮助我出版此书。

瓦苏德万·阿克希姆（Vasudevan Akkitham）、尼迦堤·查亚（Neelkanth Chhaya）和森·卡帕蒂亚（Sen Kapadia）在不同阶段阅读了我的草稿，感谢他们的点评和建议。

我也感谢萨尤·阿胡贾（Saryu Ahuja），她浏览了初稿，并提出种种可供改进的洞见。

还要特别感谢尼兰詹·巴加特（Niranjan Bhagat）阅读终稿，并鼓励我出版本书。

我要把诚挚的感谢献给荷芒·德赛（Hemang Desai），他提供了有效的建议，并在关键时期编辑了书稿。

我要感谢玛纳斯·潘迪（Manasi Pandey）协助我完成了最终的版本。

我还要感谢约瑟夫·瓦吉斯（Joseph Varghese）这些年来耐心地协调工作，录入和编排基础文稿。

当然，我还要衷心感谢桑珈的所有人，包括 Vastu-Shilpa 咨询公司和 Vastu-Shilpa 基金会的同仁们，以及 CEPT 的教职员工和同事，感谢他们多年来的支持。

最后但也很重要的是：我要感谢我的女儿、女婿和孙辈们，他们督促我完成本书，感谢所有在某一时刻、某一地点，和我一同走过生命之途的人们。他们是我漂泊的一生中真正的灵感之源、鼓舞之源。

多西

目录

引言

我成长在浦那（Pune）一个数代同堂的质朴的房子里。家里常常住着超过 15 个人，大家要分享食物、房间以及生活用品。我妈妈生下我没多久就过世了。我的父亲总是忙着他的家具生意、他的宗教或世俗工作，很少留在家里。

我只能凭借很久以后见到的照片来回忆母亲的样子，即使到了现在，我也非常想念她。可能是对母爱的渴望，而又不可得，让我陷入自己的世界。可能是因为我想要重新获得那种亲密的感受，让我从小养成了随手涂鸦的习惯。

在纸片上随手涂画，似乎满足了我对身份和自我意识的渴望，为我在吵吵闹闹的大家庭中营造了一个属于自己的隐秘世界。从在浦那的日子到如今的艾哈迈达巴德（Ahmedabad），这些涂画已经成为我生活的绝佳记录。

幸运的是，在大多数社交场合，在杂志或活页纸上随手记下自己的想法并不会让人觉得不礼貌。因此，我几乎可以一直沉浸其中。其结果是，每当我写作时，都沉浸于内心世界，身处何处也浑然不觉。我可以和自己，和我的内心世界在一起，身处人群而又独自一人。

这些笔记是与我那出离而未知的生活联系的纽带。我感到自己的生活是随机交织在一起的，但我能看到其中有一条线索、一种秩序，贯穿所有事情之间，就好像是有目标的。每时每刻都是新的机会，有许多门可以选择。

我生命中一连串看似不可能的事件——从我的出生之地，到我幸运遇到和与之工作的人——都让我确信冥冥之中自有定数，在不知不觉中串联着我的道路。

我愿意相信，是我的母亲在这些道路上引导着我，除此之外，我想不到别的。记得小时候我曾经在床上躺了好几个月，又孤独又难过，那时我能感到妈妈的手抚摸着我的伤口。我听到她的声音向我保证我会好起来，她永远都在我身边。

真的是她让我踏上这条旅程的吗？还是自然而然发生的？我觉得这很难回答，但我相信我们的命运并不是完全掌握在我们自己手中。回头看，我宁愿相信我的旅程是相当不同凡响的。

它把我从浦那的后街带到艾哈迈达巴德，在这之间还去过了这个世界几乎全部美妙的地方。我很幸运，看到了几乎所有伟大的、值得称道的建筑，见到了那么多我们这个时代杰出的建筑师、视觉或表演艺术家、批评家、理论家和历史学家，还有许多杰出的赞助人。

多年来，总有人问我："你为什么不把自己的经历写下来呢？"我犹豫了很久。但在 80 岁后，我经常回忆起一生的波折，觉得有必要记录下来，为此我录了很多磁带。

后来，我又产生了通过出版来与他人分享我的人生旅程的念头。这样做是因为，尽管我一生的故事看似混沌复杂，其中也许应该有个规律，有内在的动力和逻辑，能够将所有的事情联系起来，那必然是有原因的，而且最好也有一些我能加入其中的信息或教训。因此，我把日记目录、讲座录音带和视频都转为文字，并加以编辑，使之便于阅读。

我还想再补充一点，这本书关注的是我多年来的人生轨迹，我的个人经历、体验，我所遇到的人，我到过的地方和学到的经验。它讲述我生而为人，为找寻终极命运而经历的成长。

在这其中提到我的作品，只是为了讲述当时的环境、我在那时关注的事情、做出的选择和学到的东西。我希望很快还能再写一本书来介绍建筑和规划。

以下就是我的故事、我在内心避难所的涂鸦，希望你能喜欢。

巴克里希纳·多西
艾哈迈达巴德，2018 年 8 月 26 日

序幕

这不是一篇指导如何阅读本书的指南，而是对我自己到目前为止的人生旅途中种种曲折坎坷的反省。我希望分享我的旅程对那些选择阅读本书的人是有意义的，特别是那些年轻的专业人士和学生，他们即将开始一段充满挑战又让人着迷的生活，他们会成为设计师、建筑师、规划师，或许这本书会有益于他们的自我发展。

坦率地说，到了我这个年纪，我还是不好意思说自己是个建筑师，因为我越思考我所知道的建筑，就越觉得我知道得太少了，和我认为它真正的目的相去甚远。每当我觉得已经掌握了它，每当新的项目建成时，我都会感觉到建筑还有更多的东西。如此一来，我越来越觉得我是一个寻找自己命运的人，而不属于建筑师或规划师之类。

不可否认，我主要从事建筑实践，求学深造于艾哈迈达巴德的 CEPT 大学。然而，我所接触的古鲁①，不止有建筑师，也有其他领域的，他们都有很深的造诣，我认为他们的成就与他们是什么样的人有很大关系，他们从各自选择的领域，包括社会、文化学科等获得种种经验，变得更为睿智。

我是否在有意无意地崇拜我的古鲁？他们不仅来自建筑领域，也来自美术、表演艺术、社会科学，以及其他精神生活领域。

我在找什么？通过建筑和规划——这些我最熟悉的媒介，我已经能和这个世界和平相处了吗？

---

① guru，指印度教等宗教的宗师或领袖。——译者注

这一切是怎么走到一起的？这一切是如何联系起来的？是什么带我去了每一个新的地方，结识了每一个人，为我打开新的大门，带来了新的机遇？我是如何以及为什么接受那些我几乎一无所知的机会的？我是否会认为，对于所有生命来说，都有一种更高的目标，冥冥之中，即便并不自知，也仍然存在某种神圣的召唤？

我现在要找到这些问题的答案。也许，我永远都不会找到终极答案。然而，提出这些问题并寻找线索这一行为本身，就能够帮助我更好地了解自己，了解我迄今为止走过的人生之路。

当回顾每一个成为我人生转折点的选择时，我发现这些都是由我的信仰以及我处理生活和工作的方式所引导的。很难说这些信念究竟来自养育我的环境、伴我成长的氛围、我遇到的导师，还是我凭直觉抓住的隐藏的机会。

生活中的很多事情从日常看来都显得是无意识的。然而，我相信生活受到了我们过去的教训、记忆和对未来的希望的影响，不可能把原因分得丁是丁、卯是卯。然而我还是想知道，我是怎么走到这里的。因此，我试图分辨出那些曲折变迁是如何产生的，如何影响着我的生活、工作和抉择。

打破束缚，不断奋进，追求卓越，让生活与工作融为同一个事业，与认识的人、熟悉的社区紧密相连。

如果阅读接下来的几页，你会发现在我的出生环境和背景中，没有什么可以暗示我后来会选择的道路。

有一件事是可以肯定的：我的一生都在寻找更有意义的工作，我有勇气打破现有的环境。这最初是由家庭的传统和期望所决定的，后来我认为更多的是因为我想要努力变得更专业。换句话说，首先是我喜欢什么，其次才是我要在生活和工作中学到更多。

回首往事，我发现还有一点很重要，要有学习的意愿，永远都要当个学生，并为此付出艰苦卓绝的努力。举个例子，创办建筑学院10年后，我开始筹办规划学院。我对规划一无所知，尤其是发展规划，但我愿意向受人尊敬的同事学习。

我从来不害怕问问题，不管这些问题让我显得多么无知，因为我知道，问了这些问题肯定会让我更聪明。如果这意味着我必须更努力、学习更长时间，那就这样做吧。

这让我相对更开放，更容易接近各行各业的人，无论是我以前的学生、我的同事，还是专业人士，甚至偶然情况下接触到的陌生人。我从他们身上学到了很多，我希望因此成为一个更好的建筑师、更好的人。

我离开家乡浦那是为了学习艺术，但我在孟买的 J. J. 学校选择了建筑学。当我有机会去伦敦学习，成为英国皇家建筑师协会（RIBA）的会员时，又从 J. J. 学校退了学。在伦敦，我发现有机会到勒·柯布西耶（Le Corbusier）那里工作，于是我又没有完成 RIBA 的学业。

现在看来，每个阶段，我都在冒险，冒很大的风险，而不是在熟悉的环境里舒适地享受。就像一个企业家，总想要去撞大运。然而，我的愿望是更努力地工作，更持久地学习，这让我对所冒的风险毫无惧色。我把这称作：无畏地飞翔。

即便我一开始就让自己离开养育我成人的大家庭，我似乎一直都与各种各样的人和团体保持着联系。这些团体从属性上看，可能是社会的、文化的、精神的或专业领域的，每一个都有自己的传统和目标。

　　从很小的时候开始，我就能感受到自己与土地、资源、气候条件和人之间密切的关系。我还发现，我们的世界由不同的区域组成，每个区域都有自己的特点，每个区域的建筑也各不相同。我相信这帮助我理解了我们每个人的角色和目标，无论是个人还是集体，都与我们的自然和人居环境息息相关。

　　因为从小就了解到这两种栖息地之间密切的相互联系，我很早就认识到可持续发展的问题。然而，那时我们总是把这简单地理解为与自然和谐相处。此外，那时也几乎不会产生什么废弃物，因为一个人很少消耗超出他基本需要的东西。

受到传统生活方式以及甘地的巨大影响，在日常生活中，节俭成为我们所有人的第二天性。而且，有许多人比我们更需要东西，这么看节俭也是对的。

这反过来又促进了慷慨和给予的美德，作为更大社区的一员，这是一种更为负责的生活方式。换句话说，无论是主动给予还是被动放弃，一个人都是在实现他人的需求，有益于社群的存在。

节俭和放弃是我这一生的生活方式。节俭的习惯让我能够选择做自己想做的事，因为我的需求很小。它还让我放弃了那些我认为在道德或伦理上不应该接受的钱。

例如，我在艾哈迈达巴德建筑学院任教，并管理学院，先是担任荣誉院长，后来担任院长长达 20 多年。然而，无论我因为付出时间而获得了多少报酬，我都将其作为奖学金回馈给学生。我认为教书是对教育女神萨拉瓦蒂（Saraswati）的奉献，我不认为应该收钱。

也许节俭的习惯也影响了我的建筑，我对材料、装饰和规模的选择都很严格。坦率地说，我不会用很贵的材料做设计，像大理石之类的，也不会做出不需要的、太大的空间。

我愿意相信，这些信仰是我儿时在浦那的大家庭里，听我的达达（祖父）或长辈讲《摩诃婆罗多》（Mahabharata）、《罗摩衍那》（Ramayana）等神话故事时形成的。我常常想起其中一个关于卡纳（Karna）的故事，尽管他是潘度国王（King Pandu）的妻子贡蒂（Kunti）所生的第一个孩子，但从未被视为潘达瓦兄弟（Pandavas）（潘度国王的儿子们）中的一员，因为他是在她嫁给国王之前，得到太阳神的恩惠而生的。

卡纳因善行而著称，但在俱卢之野（Kurukshetra）大战中被敌人俘虏。他在战斗中受了重伤，垂死之际，一个行乞的婆罗门走到他的卧榻旁。婆罗门说自己曾听说过卡纳的很多善行，他也想要一点布施。可卡纳这时已经身无长物，没有什么好给的了。痛心之余，卡纳忽然想起自己还有颗金牙。因为拔不下来，他叫婆罗门去找块石头，然后把牙敲下来给了婆罗门。

看到沾满鲜血的金牙，婆罗门说："这上面都是血，不洁，我不能要。"卡纳伤心地哭起来，他的眼泪洗去了血迹，他又把牙交给婆罗门。当然了，这个婆罗门不是别人，正是伟大的因陀罗神（Indra），他一直在考验卡纳。卡纳在如此境况下仍能慷慨对人，感动了因陀罗神，他显了圣并祝福卡纳。

也许我回忆起这一切是因为我也到了人生的那个阶段，就是当年我在浦那时那些长辈的年纪。我现在是家里最年长的人，我总是在回忆过去，思考未来。过去几年，我比以前更喜欢和家人亲近了——我可是有个四世同堂的大家庭呢，与我的同事和学生也更亲密了。

我总是想起我的长辈，尤其是达达在我生命中起到的作用。比如，尽管他们会希望我实现家门兴旺，但还是接受了我的冒险行为，不仅没有斥责我，还给予了我我们的文化和传统特有的慷慨。

我现在明白了"runanubandh"这个词的意思。与其说我们对之前的时代充满了感激，不如说我们与所有的人、所有的地方、所有的时间——过去、现在和未来——都有着共同的命运。这永远都是让社群和我们人类存在下去的原因。

我充分领悟到这一点，是20世纪50年代末在艾哈迈达巴德与拉斯克拜·帕里克（Rasikbhai Parikh）讨论时。我把拉斯克拜看作"莫塔拜"（motabhai）——这在古吉拉特语（Gujarati）里是"哥哥"的意思，他实际上是我的姑丈。更重要的是，他是一位著名学者，精通印度的艺术、历史、文化、政治、宗教和哲学。

莫塔拜让我意识到，家族的虔诚信仰对于我的童年经历有着显著影响。他解释说，我身处其中，偶尔参加各种宗教仪式和典礼，就能在不知不觉中吸收很多美德，比如分享、尊重、宽恕和宽容，就能深深记住长辈每晚给我讲的那些史诗故事。

然而，所有这些所揭示的真正意义，在于锻造生命的价值。我们的终极目标是从轮回中得到救赎（moksha），从我们生命中无尽的物质循环中解脱出来。莫塔拜解释了生命与死亡、职责与责任，他讲到的因果报应（karma）的概念让我意识到，身体中最微小的细胞都与宇宙的力量有所联系。这让我对勒·柯布西耶和路易斯·康（Louis Kahn）的作品有了独特的理解。

我崇尚自由、快乐、嬉戏、节奏、肌理、色彩、体量和光线，它们在柯布西耶的作品中形成独特的交响乐，使我能够把自己与周围的世界联系起来。然而，尽管它有着松散、多样而开放的思想，我还是觉得有些不对劲。空间、体量和形式似乎缺少了什么。很久以后，我才意识到我的错误：勒·柯布西耶的作品是神圣的，而我一直在寻找世俗的东西。

当然，他在昌迪加尔的作品与宇宙的力量紧密相连，仿佛来自另一个星球。其中确实也有对人的考虑，柯布西耶为高等法院（High Court）和国会大厦（Capitol Complex）所做的柱廊，让人感到安全、放心。在康的作品中，我看到了几何与节奏的精确性、敏感性；但它们本质上还是康的，是我做不到的——我不能同时学会这些，又做我自己。

我从莫塔拜那里学到的是，要能多吸收，多顺应变化。"对于人的存在和情感来说，时间和永恒是可测量的悖论，其他则是不可测量的。重要的是找到缝隙，以便介入其中。"

随着时间的推移，寻找这些问题的答案成了我主要的奋斗目标。虽然深受柯布和康的影响，我还是试图在两者之间找到一个空间，可以表达我自己，安放我的建筑。经过长期努力，我不会再过于自信地开始我的设计了。

印度的艺术传统并不彰显作者的姓名。很少有人知道谁设计或出资兴建了伟大的历史建筑。如果你仔细搜寻，也许可以在墙角、柱础或勒脚上找到关于设计者或赞助人线索的铭文。

这源于对万物无常的信仰。作者是谁、东西归谁所有、坚实的结构，或划分清晰的空间，都不会令我们心生感触。原初的状态会不断遭到侵蚀和破坏，最终留下的是它们的主要结构和建造的原有目标。废墟总是那么吸引人，触动人心，也许是因为它们的神秘状态——曾经完整的，现在却并不完整。

我必须挣扎着了解这一点，我觉得在我近来的项目中已经部分成功了。挣扎来源于幼年印度人生观的熏陶和后来西方传统教育之间的冲突，因为西方传统认为，建筑是一种旨在为我们提供稳定、舒适和愉悦的产品。也许我一生都会继续挣扎，这大概是命中注定的！

在后文中，我会尽可能回忆更多的细节，记录这场斗争和我过去八十年间的生活。这也是我生命中所有重要事件的记录，记录了我从一个地方到另一个地方，从生命的一个阶段到另一个阶段，遇到了哪些来自世界各地、各个行业最杰出的人。

事情是怎么发生的？我希望这些笔记能帮助我部分回答之前提出的问题，并把我生活中看似毫不相干的波折联系起来。

未知之路:
日记摘录

回首过往，我开始认识到，这些年来的人生是一段不寻常的旅程。一系列的事件像水滴聚流成泉，然后成为一条河，接着和许多其他的河流汇集到一起，奔向大海。

在这个过程中，水滴流过许多地方，有的开阔，有的闭塞。水流常常会变缓，甚至停止，但停下来后，它们又会形成大大小小的湖泊，水量不断上涨，冲破堤坝，再次汹涌而出。

这些年，我去过许多地方，走过丛林苑囿，走过春夏秋冬。在这个过程中，我像河流一样，从各式各样的地区、气候和文化中吸收了大量的水，其中富含先辈曾经留下的智慧和传统。

旅行有助于解答无穷无尽的问题。就像浑浊的河水因流动变得清澈，我对周围的世界也有了新的理解和感知。我现在知道当一个人说每件事都是相互关联的是什么意思了。在我看来，它可以代表一个大头针的设计和一个城市的设计之间的相互联系，以及两者之间的一切。人们所需要了解的只是规模和影响范围的差异。

我认识到，即使每个事物都有自己的特性，但也不能孤立地看待它，因为特性只因比较而显现。眼前的东西往往是目光短浅的结果："相信真理的人只因他所看到的而醒悟"。

所有对技术或材料的选择都出于人的本性和需要。它们自身的演化赋予其特征，并向我们展示了它的用途。因此，我们需要做的是允许实在的目标去阐明它的意义和用处。

时间或风格是有限的概念。如果我们意识到我们所感知的一切都是通过我们的记忆和当下的一切来的，那么它就很容易被搁置一边。有些层面必须放在一起看，而不是分散的问题——不管它们是关于艺术、建筑，还是生活本身。我们必须从一个永恒、不受时间影响的距离看待这些问题。

我还记得在乡间和小镇的生活，记得那些平常日子、老式房子、风土民情、虔诚信仰，那里的生计仍然以农业为主。我也记得在巴黎的生活，在塞夫尔街 35 号（35 Rue de Sevres）工作的日子，以及那种与众不同的城市生活和未来世界中的艺术态度。

我的建筑生涯就是在这两个领域之间寻找乡村和都市两种世界一致的地方。在生活和工作中，我努力将两者的优点结合起来，在这两个世界之间找到平衡。

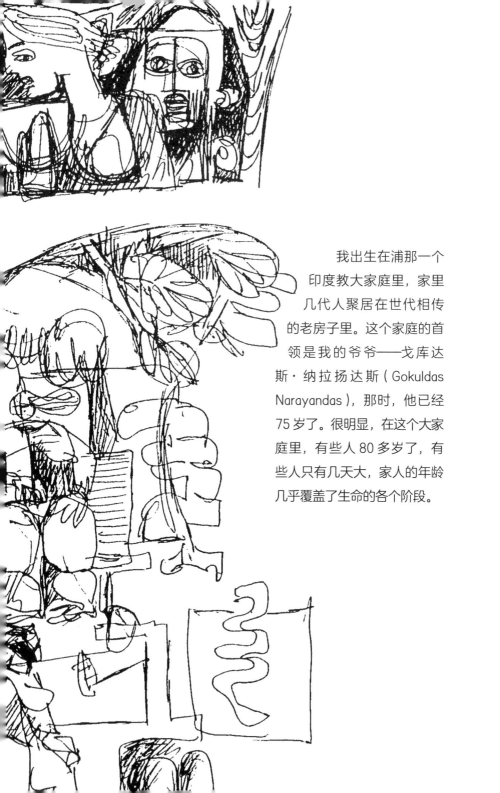

我出生在浦那一个印度教大家庭里，家里几代人聚居在世代相传的老房子里。这个家庭的首领是我的爷爷——戈库达斯·纳拉扬达斯（Gokuldas Narayandas），那时，他已经75岁了。很明显，在这个大家庭里，有些人80多岁了，有些人只有几天大，家人的年龄几乎覆盖了生命的各个阶段。

鳏夫、中年父母、新婚夫妇和半大孩子都生活在一个屋檐下，每天低头不见抬头见。生老病死、婚丧嫁娶，都是让人习以为常的生活，使人不断地意识到生命的短暂。

　　节庆、仪式和典礼把生活中的各种事情串联起来，每天去庙里祭拜，每年去朝圣，都是固定不变的，我们所有人，年轻的、年长的，都要积极地参加这些活动。每一天、每个月、每个季节就这样流走，有好时光，也有坏日子。

　　随着时间的推移，房子的性质和形式也发生了变化，这是一个有机生长的过程。起初，只有几间房；随着需求的增加又逐渐增添。房子从一层变成几层。旧房间的用途也在改变，这让行走的路线也发生改变；每次有变化，开始都会觉得有点奇怪，但最终改变融入了我们的日常生活，变成了"新的老"。因此，房子总能在空间和美感上给人惊喜。随时都有一些新的东西，一些不同的东西。

我常常好奇，在这些变化中什么是恒定不变的，什么让人相信它是厨房、餐厅和祈祷室，这些房间一直没有改变，主宰着家庭氛围，就像以前的壁炉那样。这些经历不断地演变和转变，成为我对生活的感知和审美体验的重要组成部分。

　　在那些年里，我经常和家里人去邻村和庙里拜神。那些仪式看上去都一样，但有些目的不同，有些表演的方式和尺度不同，有些则是地点不同。

　　各种地方都可以举行仪式，比如河岸上，比如家里的院子，再比如乡下的神龛周围。这些仪式可以发生在各种地方，并不会让人奇怪，反而更能理解生活的不确定性，知道生活总是在变化的。

　　如今，回顾往事，我明白了为什么要接受人生的安排。因为要不断地和许多人分享生命和生存的空间。这点我早已知晓，分享能让快乐变得更多，能让悲伤消失不见。

There is a secret reality,
a divine reality which
is present in all gross
and manifest at appointed
time

　　大家庭里的各种琐事让我更好地理解生活的不确定性，还有什么是成功和失败。这塑造了我的世界观，让人更包容，更有耐心，把生活的重心从物质转移到精神上来。

　　不断提到生命的轮回也能带来希望。人们相信，人在转世的时候会带着一些前世的记忆。而所谓的当下，不过是轮回中一个过渡的阶段而已。

　　我现在相信，生活充满了惊奇和矛盾。过去发生的每件事，都可以在另一个时间、另一个地点，以另一种方式再发生一次。而一旦事情过去了，它就成了回忆。

这样对于世界的体验，周围好的、坏的，现在的和过去的，都让我们更容易感受到广袤无垠的世界真正的意义和目的。多种多样的动物和植物让我们对周围环境也更加敏感。

这就是我成长的环境，是我信念的基础，是我的根。

我总是像个孩子，好奇世界如何运转。看到一条河，就会想它如何从源头流到大海；看到一株大树，会想它如何从一粒小小的种子成长起来；看到一只蚂蚁、一条蛇，或是一头长颈鹿，我也会想，它的形态是多么完美地适合它所栖居的环境。这无疑是设计中非常宝贵的一课。

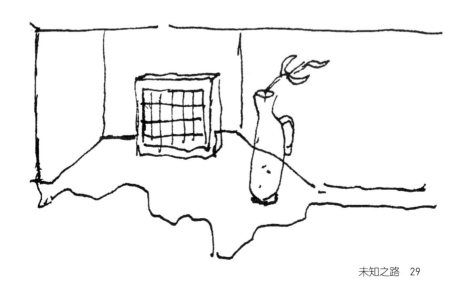

我经常回味达达和那些长辈在浦那给我们小孩子讲的史诗故事，想起那些史诗人物的言行，还有一代代印度人流传下来的伦理道德。我还会回想小时候爱听的神话故事，如何通过虚构的人物、动物和地方，融入大量的思想、形象和行动。

　　例如，如果我坐在树下，可能就会想到有一只猴子爬上了树，也可能会想到一条鳄鱼。可能因为我还记得圣卡比尔（Saint Kabir）说过："河水着火了，鱼儿爬上了树，这难道不是一个奇迹吗？"然后，我就好像看到一条鱼爬上了树。

　　我还会想起电影《指环王》中的景色。我看见山谷，就会凭空觉得有些大鸟在飞。我还觉得自己可以和它们一起飞，看到它们看到的东西。我以为自己可以回到地面，然后深入地下，以为自己可以看到阶梯井（step wells）以及其他东西。

有趣的是，多年以后，有些故事确实在生活和工作上给了我帮助。比如，我小时候听过一个故事，说神的化身是只乌龟（*kurma*，即神龟俱利摩）。

那时我正在设计艾哈迈达巴德洞穴画廊（Amdavad Ni Gufa），同事和学生问我，这个别出心裁的设计和它的环境有什么关系？我虚构了一个故事解释设计是如何产生的，故事在很大程度上借鉴了毗湿奴的神龟俱利摩的神话。

我也经常做这样的梦，我不喜欢被禁锢住。即使不会真实发生，也没关系，因为能这样想，我就很高兴了。

如果你胸怀远大，你总想着如何实现自己的愿望和梦想，宇宙的力量就会实现它。

一系列看似不相干的巧合决定了我的一生。

　　现在，当我回想起来，会感到其中一条看不见的线把它们串联起来。

　　这些巧合真的只是巧合吗？

　　我不这么想。

例如，我能获得格雷厄姆艺术高级研究基金会（Graham Foundation For Advanced Studies in Arts）的奖学金，是因为就在我离开巴黎的几天前，我碰巧在勒·柯布西耶的办公室里见到了瑞士建筑历史学家和评论家西格弗里德·吉迪恩（Sigfried Giedion）博士。他是勒·柯布西耶的密友。

　　我向他展示了昌迪加尔国会大厦的设计，讨论了各种相关问题。我记得他问我，为什么柯布西耶对圣马可广场赞不绝口，而不在昌迪加尔做类似的设计。我的解释是，也许他考虑的是喜马拉雅山那样的大背景，想用宏大和开放的姿态来回应它。

　　这时办公室快关门了，他就请我到他住的圣雅各街的酒店一起喝啤酒，继续交谈。在那儿，他问我离开巴黎后的打算，我告诉他，我很想回印度，还有我当时面临的选择。我们又泛泛地谈了大约一个小时世界各国的建筑，然后就分手了。那是 1955 年。

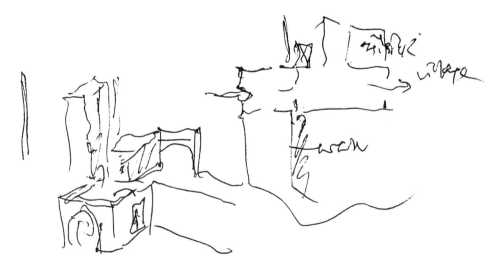

1957 年，我突然收到一封格雷厄姆基金会的信，署名的是时任哈佛设计学院（Harvard School of Design）主席兼院长何塞·路易斯·塞特（Jose Luis Sert）教授。上面写道："吉迪恩博士强烈建议我们征求你的意见，是否愿意申请这项一万美元的奖学金。如果你愿意，你能给我发个纪要，说明你打算做什么吗？"

　　我当然很感兴趣，但我以前从未写过这样的纪要——今天我们称之为提案。幸运的是，当时普里西维什·内基（Prithvish Neogy）正住在我家，他那时刚刚成为桑卡肯德尔博物馆（Sanskar Kendra）的负责人，也就是柯布西耶在艾哈迈达巴德设计的博物馆。他帮我准备了纪要，我把它寄了出去。

我也给勒·柯布西耶写了封信，告诉他这件事。后来我才知道，勒·柯布西耶收到我的信后，立即写信给塞特教授，推荐我应该获得这一奖学金。实际上，他还要求塞特"在《勒·柯布西耶全集》（第六卷）（the Volume VI of *Oeuvres Completes Le Corbusier*）中查看多西在我的工作室里做的工作；肖特汉别墅（Shodhan Villa）在第135页，艾哈迈达巴德棉纺织协会大楼（Mill Owners' Association Building）在第145页"，其他项目也有涉及。

他接着写道，"我很荣幸推荐多西，他有良好的道德操守、智力水平和技术感觉。"此外，"他也很乐于接受'美式震撼'，（在美国）和他打交道总是能让人获益良多。"

这就是我想说的。所有这些地点、人物和事件是如何在合适的地方合适地发生的？发生这样的事让我惊讶不已，我觉得有更大的看不见的力量在起作用。我觉得我只是让终极命运得以实现的工具，在正确的时间和正确的地方，有一双手在指引，告诉我路在何方。

我投身教学并创办艾哈迈达巴德建筑学院的经历，同样也是一连串神奇的巧合。我第一次见到巴克敏斯特博士（Dr Buckminster，即巴克敏斯特·富勒，也被称为巴基），是在艾哈迈达巴德印花布纺织厂的办公室里。他因为发明球形穹顶和设计Dymaxion汽车而为世人熟知。当时我正在准备美国之行，去那里也是为了和太空科学家维克拉姆·萨拉巴伊博士（Dr Vikram Sarabhai）谈谈我的行程，而巴基碰巧也在。

李欧·李奥尼（Leo Lionni，美国儿童文学作家、画家——译者注）和他的妻子诺拉（Nora）当时也在那儿。李欧是纽约《财富》杂志的艺术总监，热爱印度，热爱印度的艺术和哲学。巴基问我什么时候去美国，有没有打算去芝加哥。我告诉他，我从未去过美国，这将是我第一次去，我也不知道到了美国会去哪些地方。

他又问我，如果去芝加哥，愿不愿意到位于圣路易斯的华盛顿大学（Washington University）任教，学校就在芝加哥南边，离得不远。我说，"我从来没有教过书。"他则回答："没关系，总会有第一次的。"我们没再多说，就告别了。

过了些日子，就在我离开艾哈迈达巴德前，我收到了华盛顿大学约瑟夫·R. 帕索内欧（Joseph R. Passonneau）院长的信，询问我能否愿意到那里去教三周的课。我接受了巴基的建议，就这样壮起胆子开始了执教生涯，最终，教育成为我生活和职业生涯的重要部分。

到达美国，诺拉和李欧·李奥尼在肯尼迪机场热情地迎接了我。我和他们一起待了几天，熟悉环境，那儿的生活与我熟悉的欧洲的生活方式大不相同。我还遇到了建筑师菲利普·约翰逊（Philip Johnson）、雕塑家亚历山大·考尔德（Alexander Calder）和来自米兰的建筑师伊格纳齐奥·加德拉（Ignazio Gardella）。

就像一连串的事件催生了格雷厄姆基金会的奖学金那样，类似的情况再一次发生，所有这些地方、这些人，是如何在正确的时间出现在正确的地点？谁在安排，又为了什么？也许这可以用多年后巴基对我说的话来解释，他说："每个生物都有一个深藏体内的小袋子，就像有些鸟类指引它们到达目的地的归航装置那样。"

即便是我与建筑师约瑟夫·艾伦·斯坦（Joseph Allen Stein）和 J. R. 巴拉（J. R. Bhalla）的合作，也是这样的一个故事。他们两个之前就已经在一起工作了。

我第一次见到斯坦，是 1954 年在巴黎的印度大使馆。我在后面排队，他在和签证处的人说话，那间办公室很小，他们的对话我听得很清楚：

他说："我想去印度。"

"你去做什么？"

"我要去加尔各答附近的一所叫孟加拉工程学院的大学教书。"

"你教什么呢？"

"我教建筑。我目前是一名建筑师，在美国西海岸执业。"

工作人员让他等等，他就走过来坐在我旁边。我对他说："我想你是建筑师。"

"是的，我是，你呢？"

"我也是一名建筑师，我在勒·柯布西耶那儿工作。"

"哦，能和大师一起工作总是好的，我跟着理查德·诺伊特拉

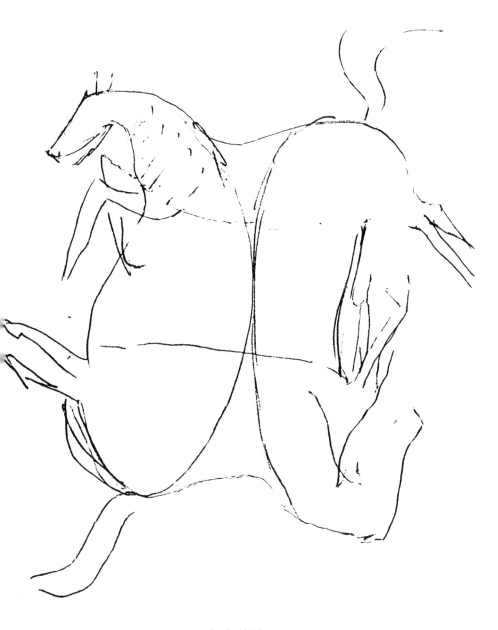

（Richard Neutra）干过一阵。"他说。

我们就这样聊了起来，然后出去喝了杯啤酒。他踏上他的印度之旅，我回到艾哈迈达巴德。最终，在 1974 年，也就是将近 20 年后，

我加入了约瑟夫·艾伦·斯坦和 J. R. 巴拉（一位新德里建筑师，也是斯坦的长期合作伙伴）的事务所，成为合伙人。事情又发生了。我有时会想，是什么让我们在巴黎相聚的？那时候，我们还不知道后来在印度会发生什么。

斯坦、多西、巴拉——SDB 的伙伴关系能形成也得益于机缘巧合。半干旱热带地区国际作物研究所（International Crop Research Institute in Semi-Arid Tropics）国际竞赛碰巧同时邀请了 Vastu-Shilpa（我的建筑师事务所）和约瑟夫·艾伦·斯坦合伙人事务所，参与印度海得拉巴（Hyderabad）这一重大项目的竞标。

巴拉是斯坦的长期合作伙伴，他建议我们两家公司作为平等的合作伙伴共同参与项目征集。SDB 就这样诞生了。ICRISAT 项目持续了大约四年，我们的事务所在一起工作的方式，激励我们决定以独特的组织方式形成正式的合作伙伴关系。

我们成立了一家控股公司来管理人员和专业技术，又成立了两家子公司：斯坦领导的 SDB 德里公司和我领导的 SDB 艾哈迈达巴德公司。经过这样的组织，我们成为印度建筑和规划界令人生畏的强手。因此获得了好几个重要的项目，有的项目我们一起完成，有的分开实施，这为我们提供了一个专门的机会，详加分析这一方法的利弊，并开拓新方式来设计和实施项目。

这种合作伙伴关系又一次带领我走向一个重要的里程碑。因为我们担任合伙人的事务所是以斯坦、多西和巴拉三个人的名字来命名的，这意味着我必须结束自己的公司，也就是 1957 年创立的 Vastu-Shilpa 事务所。我非常不愿意抹去自己的这段记忆，于是决定把 Vastu-Shilpa 重新塑造成一个建筑学院，但又不是，或者说不应该是那个年代的那种建筑学院。

我教过书，也做过设计，我想，下一步我们必须让研究行为变得合乎逻辑。于是，我在 1976 年成立了 Vastu-Shilpa 环境设计研究基金会（Vastu-Shilpa Foundation for Studies and Research in Environmental Design），并在 1978 年正式注册为非营利组织，由施伦尼克拜（Shrenikbhai）担任主席，他是我们家族的导师，也是卡斯图尔拜·拉尔拜（Kasturbhai Lalbhai）的儿子。

我想在此补充一点，基金会一直完全专注于印度栖息地的环境，特别开展了旨在制定适合印度环境的规范和实践的研究。

在很长一段时间里，Vastu-Shilpa 基金会都是印度唯——家这类机构，并进行了杰出的开创性工作。又一次，如果不是因为成立 SDB，而我还想保留自己公司的名字，这样一个组织就永远不会出现。这是命运还是意外？我永远不会知道！

我先是去了孟买，然后去了伦敦，从那里又去了巴黎，最后回到艾哈迈达巴德。这又是一件不同寻常的事情。而这些事件是如何发生的，至今我仍然弄不清楚。

哈里·卡谢雷（Hari Kanhere）曾在 J. J. 学校学习建筑，比我高 4 个年级，也是我的好朋友，当时正准备去伦敦。因为我们两人都住在离学校很近的萨达尔·格鲁哈（Sardar Gruha）公寓，经常一块儿聊上很久。离开前几天，他碰见我，邀请我去伦敦，可以住在他那儿。

等他在伦敦安顿下来后，又写信给我，问我有没有兴趣过去，邀请还有效。我立刻就去了浦那，告诉我哥哥瓦拉赫（Vallabh）："我想去伦敦继续我的学业。"

他和家里其他人都吓了一跳。他们原本期望我当上建筑师，回到浦那，继承家业，娶家里选的女孩，按照传统，大家庭会把我的小家当作其中的一份子抚养。

我们谈了很多，我相信他理解了我需要有独立的生活，在刚刚独立的印度探寻更多的机会。所以他接受了我改变计划的打算，即便他并不喜欢这样的改变。

当然，钱是个问题。我哥哥慷慨地决定给我相当于我在家产中应继承的那部分。虽然这些钱只够路费和安顿下来的开支，但我已经准备好要向未知世界远航了。

就这样，我离开了浦那，离开了我一出生就熟悉的世界，离开了一切。过了很久，大概 5 年后，我才意识到，我一直没回过家，也没有定期与家人通信，而在这之前，家人一直是我生命的中心。我接触的这个陌生的新世界一定在各个方面都对我构成了挑战，占据了我的全部精力，因此切断了我此前的生活。

那时候出门旅行可不像现在这么轻松。我首先登上巴托利号（Batory）前往巴黎，那是一艘意大利客轮，从孟买出发，开往热那亚。到了热那亚，我还要乘火车北上，进入法国，到达巴黎。不幸的是，我对海上旅行一无所知，整个旅途中我都在晕船，把美妙的行程彻底毁了。一路上，我都很饿，因为我一直在吐，甚至没办法坚持走到餐厅。

到伦敦以后，我最初在卡谢雷夫妇那儿暂住了一阵，然后搬到汉普斯特德·西斯（Hampstead Heath）的索那普尔（Sonapure）家族经营的寄宿点，可以包早晚两餐。随着时间的推移，我认识了越来越多在伦敦工作的 J. J. 学校的校友，开始适应新的环境。

每天坐公共汽车去 RIBA 图书馆，阅读书籍，学习绘画，成为我后来几个月的必修课。RIBA 图书馆真是个宝库。每天，我都要在格子间里待上 6 个小时，周围堆满了书。没有指引，没有背景，我就像一个在古玩店里探秘的孩子。回顾过去，我疑惑自己从传统的教育中到底学到了什么。

有一天，在图书馆，北岛理工大学（Northern Polytechnic）的学生沃伦·富勒（Warren Fuller）走过来，请我到 RIBA 的小餐厅一起喝茶。我们边喝边聊，很有共同语言，我就跟着他去了理工大学，听晚上的课程，以便继续详加讨论建筑和我们的国家。他是我的第一个英国朋友，我从他那里了解了很多英国的事情，包括它的历史和存在之道。这也帮助我更好地理解了印度城市和伦敦之间的差异，无论是交通的混乱和有序、严寒条件下建筑的特点，还是隐私的概念，而最重要的是个人与社区之间的关系。

我以为自己安顿下来了，还准备参加 RIBA 的考试，但我还不知道，一件小事即将彻底改变我的生活。有一个 J. J. 学校的学生，马德乌卡·亚什旺特·萨克莱（Madhukar Yashvant Thackeray），当时在伦敦郡议会工作，他也住在索那普尔的寄宿点。有一天，他给我看了一份即将在霍德斯顿（Hoddesdon）举行的第八届国际现代建筑大会（CIAM，International Congress of Modern Architecture）的公告，那是在 1951 年。第二天，我打电话给 CIAM 的秘书凯德伯里·布朗（Cadbury Brown），请求他允许我参加会议。他拒绝了，说我既不是

会员，也不是全日制建筑学学生。然而，在强烈的内心冲动的驱使下，我坚持用那时还不太流利的英语说服他。他让步了，允许我以观察员的身份参会。

即使到了今天，我也还会感到奇怪，我怎么会做出打电话给他这么大胆的举动，因为我很害羞，那时候英语也说得不太好。是什么未知的力量让我得到幸运？

在会上，由于我对建筑领域的国际动态知之甚少，我很幸运地没有意识到会议本身的重要性。一到那里，我踌躇着走进了巨大的展区，希望能看些项目，了解当前的趋势。

过了一会儿，很奇怪，居然有个人朝我走来。他走近后问我："你是印度人吗？"听了我的回答，他自我介绍："我是格曼·桑帕（German Samper），从哥伦比亚的波哥大来，在柯布西耶巴黎的事务所工作，我现在在做旁遮普的新首都昌迪加尔的总体规划。你知道这个地方吗？"他不等我回答，又继续问道："昌迪加尔，是什么意思？"

Sense of History –
Tradition of Pluralism – not
to be bound as with anyone
Thought

— Jugenstill – (Otto Wagner)

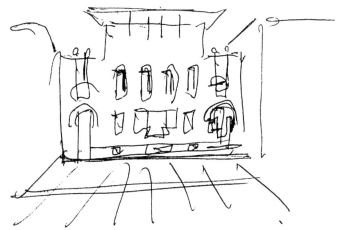

Memory of Renaissance
brought to Vienna by Wagner

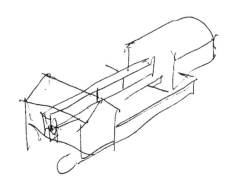

我回答了他的问题，就这么继续聊下去。几分钟后，当他通过草图和平面向我解释昌迪加尔的方案时，我大胆地问他是否愿意看看我的作品集。然后我给他看了我的作品，很明显受到了巴西建筑师奥斯卡·尼迈耶（Oscar Niemeyer）的影响，他是我在孟买时知道的唯一一位现代建筑师，他的作品曾给我留下了深刻的印象。很久以后，当我知道勒·柯布西耶的作品曾对尼迈耶产生过深刻影响时，也觉得毫不惊讶。

　　我对昌迪加尔的项目很有兴趣，所以第二天我们又见面了，我们详细地讨论了昌迪加尔和勒·柯布西耶的设计。这一次，我不假思索地问他，我是否可以与勒·柯布西耶合作，尽管我对他几乎一无所知，我也没有专业学位。在我看来，他似乎很高兴我提出这样的请求，建议我自己写信给勒·柯布西耶提出申请。

　　但我现在还不知道如何写正式的信或申请。因此，我向我在 J. J. 学校的老师 S. L. 索兰基（S. L. Solanki）教授求助，他当时正在攻读规划专业的研究生学位，和我住在同一家寄宿点。桑帕跟我说过，申请必须是手写的，我反反复复写了六遍，才确保没有错误。

　　我很担心，但又不知道能不能收到勒·柯布西耶的回信，我觉得这就是在碰运气。然而，我很快收到了回复，是法语，我必须把它翻译过来。他的条件是，"8 个月之内你拿不到工资。如果你还想来，那就来吧。"

　　我不知道该怎么办。我有点儿钱，但肯定不够那几个月不挣钱所需的开销。与此同时，我也知道这是一个千载难逢的机会，我必须抓住这个机会。我坚信事情最终会有个好结果，于是带着所有积蓄，登上从多佛（Dover）到加来（Calais）的船，前往巴黎。

　　我想着如何应付到达法国以后的生活，以及接下来的巴黎之旅，这时，我注意到一个穿着粗花呢夹克、戴着眼镜的人。我踌躇着向他走去，只因为觉得他看上去像是个乐于助人的人。原来，他是旅居法国的伊朗人，对这个国家和城市都非常熟悉。我告诉他，"我不会说法语，一点儿也不了解法国和巴黎，但我必须得去那儿。"然后给他看了勒·柯布西耶的信。

他说："别担心，我也要去巴黎，我会帮你找到这个事务所的。"晚上一到巴黎，我们就找了家旅馆住下，简单吃了顿饭。第二天早上，他叫了一辆出租车，好心地把我送到塞夫尔街 35 号门前的马路对面。

我表达了深深的谢意，然后把包放在头上——这是印度式的拿法，飞快地穿过马路，路上的车辆纷纷来了个急刹车。我爬上宽阔的木楼梯，进入事务所，勒·柯布西耶的秘书珍妮夫人迎了上来。"多西先生吗？"她用英语问我，跟我握了握手，招呼格曼·桑帕，说我来了。过了一会儿，我看见桑帕沿着过道向我走来，工作室又长又窄，走道两边都摆满了桌子。

我没有通知他我到底什么时候到，所以他似乎有点吃惊："欢迎！如果你告诉我行程，我肯定会去接你的。来，我要向每个人介绍你，然后给你在旅馆找个房间，你一定累坏了。"

一进工作室，我就注意到，到处都是巨大的、可调节的图板、图纸，还有许许多多工作模型。入口的墙上挂着一块大黑板和一幅大油画。桑帕把我介绍给了工作室里所有的人，最后，他把我领到了他自己的图板前。

我们在那儿站了一会儿，听他谈正在做的工作。然后他陪我去了一家小旅馆，安顿下来。我猜，作为一个哥伦比亚人，桑帕明白我身处异乡的感受，离开之前，他说，"别担心。既然你来了，一切都会好起来的。今天是星期五，你今天来真是太好了。你整个周末都可以休息。星期一见，这是我的电话号码，需要的话打给我。"

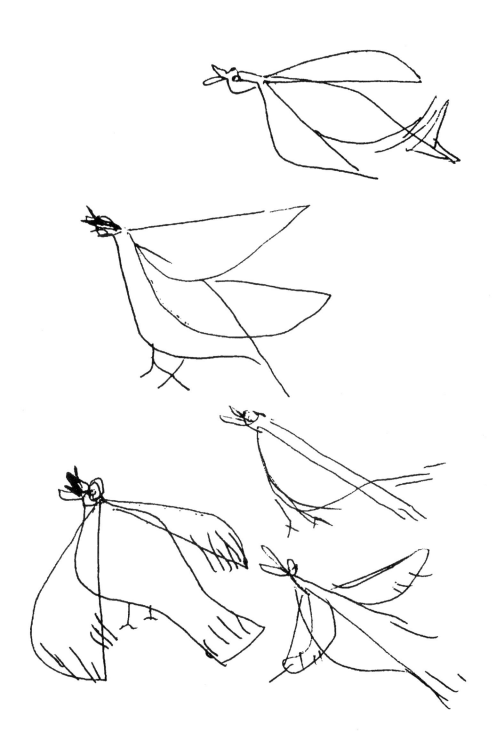

从此，我开启了人生新的篇章，在又一个陌生的城市里，就像之前在孟买和伦敦一样。刚开始的几周也很难熬，在办公室里，时间过得飞快，但到了晚上六点，其他人都回家了，只留下我一个人。

除了同事，我什么人也不认识，更糟的还有语言不通。我很习惯英式生活，但法国人的生活方式和规矩却大不相同。压力太大，让我不停地问自己，我在这儿做什么，为什么来这儿？孤独、疲惫、紧张向我袭来，我就回到旅馆，喝点牛奶，再哭一场。

语言障碍是开始阶段最困难的事情。在伦敦，英语水平确实也是个问题，但那儿有那么多 J. J. 学校的校友帮忙。可在这儿，就连点三明治或饮料这样简单基本的事情，我也只能用手比划。

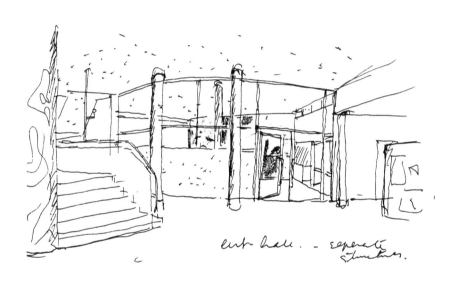

entr hall. - seperate
structures.

我觉得，是爷爷的建议让我坚持了下来。他经常跟我说："巴尔（Bal），人不能半途而废，因为如果你这样做了，你会一辈子都后悔，把它当成一次失败，而且你有可能就再也不会冒险了。对于卓越和成功来说，坚持下去的决心至关重要。"

他会让我想想我的母校——浦那市纳坦高中（Nutan High School）校徽上的话："*haati ghyaal te tadis nyaa*"，意思是，"永远要完成你承揽的任务"。我也回想起我父亲是怎么考虑我的未来的。他曾经说过，他宁愿别人说起他时，会说他是我的父亲，也不愿别人说起我，只知道我是他的儿子。他用自己的方式告诉我，在生活中要比他更努力，做得更好。慢慢地，我获得了应对新生活的信心，我相信发生这一切是有原因的，只是我还不知道这是什么，但我必须继续努力，尽我最大的努力。

在工作室，我必须鼓起很大的决心甚至勇气才能开始工作。我被分配做昌迪加尔的高等法院，剖面已经确定了，我必须画出细部，并反映在平面上。奇怪的是，没有人问我是否胜任这样的工作，因为他们认为我是一个训练有素的建筑师，但我不是。

我还记得第一天上班时我有多紧张。不光是因为我是印度人，这里有许多来自不同国家的建筑师，而是关于我的技能和对建筑的理解，尤其是用柯布西耶的方式去理解。这里的每个人似乎都很熟悉大师的工作方式，他们都在忙着准备画图、制作模型等工作。

然而，他们又极其不同，来自不同的国家和文化。伊阿尼斯·泽纳基斯（Iannis Xenakis）是来自希腊的工程师、建筑师，也是一个先锋派音乐家，后来我们成了非常亲密的朋友；阿塞韦多·托比特（Acevedo Tobito）是委内瑞拉人；建筑师罗杰里奥·萨尔莫纳

（Rogelio Salmona）是哥伦比亚人；建筑师雅克·米歇尔（Jacque Michel）是法国人；安德烈·梅索尼耶（Andre Maisonnier）则是工作室团队中的资深成员。

我，当然是第一个与勒·柯布西耶共事的印度人，也是工作室里年资最浅的。不懂法语是一大障碍。接连好几个星期，我都不知道他们在互相说些什么。我是个严格的素食主义者，而且囊中羞涩，因此从不和他们一起吃午饭，只和希腊绘图员萨钦尼迪斯（Sachinidis）一起吃橄榄、奶酪和面包，而他只会说希腊语和法语。

工作室的一天从早上9点开始，我会去得更早些。一般我会先看看其他人在做的东西。由于我从来没有读过勒·柯布西耶的文章，也没有见过他的图纸和项目照片；这个习惯帮助我逐渐熟悉了他的思维方式。

在办公室里，最吸引我的是从每个人的眼神、表情和手势中看到的东西。这里的同事情谊深厚，有自由的感觉，也有相互间的喜爱，最重要的是他们对待工作的方式，好像那里的每个人都非常清楚他们所做的工作的重要性。

我先跟着安德烈·梅索尼耶学。开始工作时，他给了我一幅很大的描图纸，上面有高等法院入口门廊墙体的几个剖面和立面。安德烈不会说英语，我也不会说法语，所以桑帕会时不时过来帮忙，解释安德烈想让我做什么。

看着要给高等法院描的图，我不知道该画什么，也不知道该从哪里开始。我就问自己，在门廊厚厚的墙里面会藏着什么解决方案。为了理解这些剖面，我开始把它们描出来。

刚上手的时候，真是战战兢兢，因为我以前从没用过鸭嘴笔，用的都是软芯铅笔，而这里通常都用鸭嘴笔。所以我画的墨线出水不均匀，又要花很多时间用刀片刮掉它们，再用我的拇指指甲磨平纸面，然后重新画。

对于我来说，看到梅索尼耶、雅克·米歇尔、萨钦尼迪斯和桑帕能根据柯布西耶的草图，毫不费力地画出漂亮的图纸，真是令人沮丧。这让我更加紧张，不知道该向谁求助。

桑帕就坐在我后面，他一定是知道了我的窘境。一天，他过来指导我，如何根据草图做出设计，以及如何使用鸭嘴笔。他还安慰我说："多西，别担心。等先生来了，他会告诉你怎样设计，设计什么。我也经历过这些。"这是学建筑的好办法，我想！我能让柯布西耶满意吗？这是我最关心的。

我开始工作几天后，柯布西耶来到了工作室。他先处理了一些日常事务，然后走过来站在我桌子前面。我抬头看着他，羞涩地跟他打了个招呼，他看看我，又看看我桌上的那张图。很明显，他意识到了我的处境，笑了笑，用很慢的，有点含混的英语说话，好像对着一个孩子。他示意我起来，然后走到我这边，坐到我的凳子上。

他说："给我看所有的图。"然后拿起那张满是剖面图和立面图的纸，在上面蒙了一卷黄色的描图纸。他开始用铅笔画图，向我解释他在做什么，为什么，就像他是教室里的老师，而我是学生一样。

他画了坡屋顶的轮廓，又在剖面的底部画了三个人形："这是衡量建筑尺度的方法。你现在知道这个体量有多大了吗？记住，现实总是由我们如何感知和感知什么来衡量的，这取决于我们的感知。"

然后，他又在底部画了一个倒圆角的长方形："注意看这儿：我正在给墙开洞。这样我们就能看到另一边的墙了。"他又在洞口旁边画了一个人，但这次是坐着的。

然后，他又放上另一张描图纸，描下轮廓，画了另一个长方形，但稍微错动了一下，说："注意这两个开洞是如何创造透明性，并让墙体能够渗透的。连通和运动造就了建筑。记住，让墙活起来能够开启对话，让它们成为建筑的活跃元素，给所有的静态元素注入活力，让建筑和宇宙连接起来。让每个元素都有自己的特征。"

然后他又加了一句："如果你把洞口交错布置，视野就会改变，这种改变会迫使眼睛和身体移动。在一个空间里，决不应该只有一种相同的体验。"

他又拿过一张纸，在坡道尽头画了两条细线，表示混凝土，然后画了一个站着的人。他把护栏画到那个人胸口那么高，然后说："看看高度的变化是如何引导动作的。如果有人在这条坡道的侧墙和护栏之间走动，一定会觉得自己像个三明治。"为了帮助我更好地理解，他又画了一条坡道的剖面，把护栏降低了一些。

"当你想让人朝一个特定方向看时，就不要做这么矮的护栏。强迫人在行走时感受狭小的空间，欣赏隧道般的空间。"说着，他又在墙的立面上画了阴影："注意如何表达高等法院的朝向。看它在下面水池里的倒影。"

这是我的第一课，关于如何判断尺度，创造动态的墙，让人们朝着自己想要的方向前进。我想，将静态元素转化为动态元素，创建多种尺度，与环境建立联系，这些都是建筑最重要的部分。

我从来没有处理过这么大的建筑和这么高的体量，我的老师也没有让我们同时画剖面图和平面图，或者在设计过程中解释它们的意义。一天，梅索尼耶用他蹩脚的英语说道："它们是生成器，没有它们，建筑就无法成形。"

就这样，我学会了怎么画图，学会了用剖面和平面观察建筑的三维空间，也试着做各种练习弥补教育上的欠缺。我从小就习惯这么干，从家里的家具作坊里找些木片和刨花，搬到三楼的平台上，用各种不同的方式组装起来，然后静静观察它们的形状。

在工作室，我注意到图纸上画满了控制线，层层交叠，我一直对此很好奇。我四处打听，发现工作室会检查所有的平面图、剖面图和立面图，图纸都在使用勒·柯布西耶自己根据黄金分割研究出来的连续尺寸的模度。

对我来说，能够体验工作室里的气氛本就很棒。到处都是图纸和过程模型，巴黎贾奥尔住宅（Maison Jaoul）的图纸就钉在艾哈迈达巴德的萨拉巴伊别墅（Villa Sarabhai）旁边；昌迪加尔的高等法院大楼和秘书处大楼紧挨着。这一切都很有启发：不仅是关于建筑，还包括不同的功能和不同的尺度能够提供多么丰富的选择，发现体验建筑的不同方式，以及如何从一个想法发展为最终的设计。

漂洋过海，跨越大洲，我终于在这里开始了建筑的学习。我常常回忆起在柯布西耶工作室度过的那 4 年时光，就像古代印度学者为了追寻古鲁和知识而去探访瓦拉纳西（Varanasi）和喜马拉雅山脉那样。

人们会说，生活中的每件事都有它自己的价值。我的坚持和努力一定给柯布西耶留下了深刻的印象——他从第六个月就开始给我发工资了，尽管他在信中提过，前 8 个月不会给我发工资的。这是一个很大的安慰，现在，我可以享受到巴黎的小乐趣，而不是只靠橄榄和面包过活，这些是我过去 6 个月的主食。

我现在意识到，所有那些对我的生活产生重大影响的事件——我一直认为是意外——实际上是注定要发生的。这些事情都发生在我没有意识到，没有感受到自我或是没有弄明白到底是怎么回事的时候，总是让我措手不及。然而，这些又都是必要的铺垫，我潜意识里会想起来，但又忘掉；是形势把我推到了这一步。

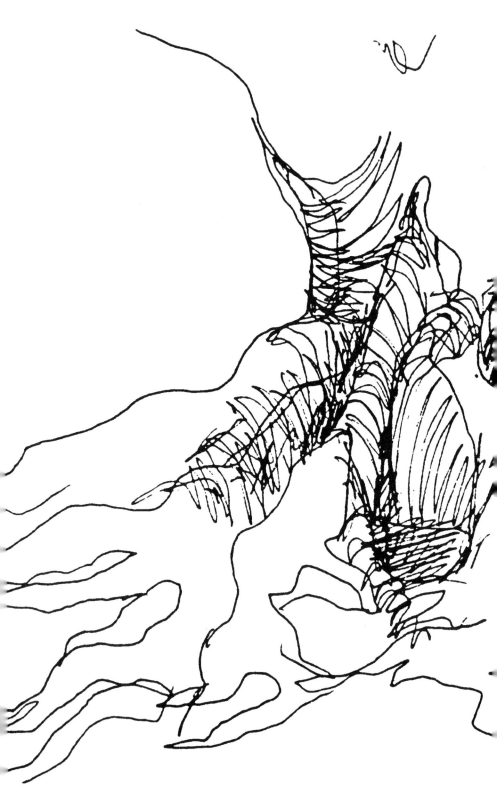

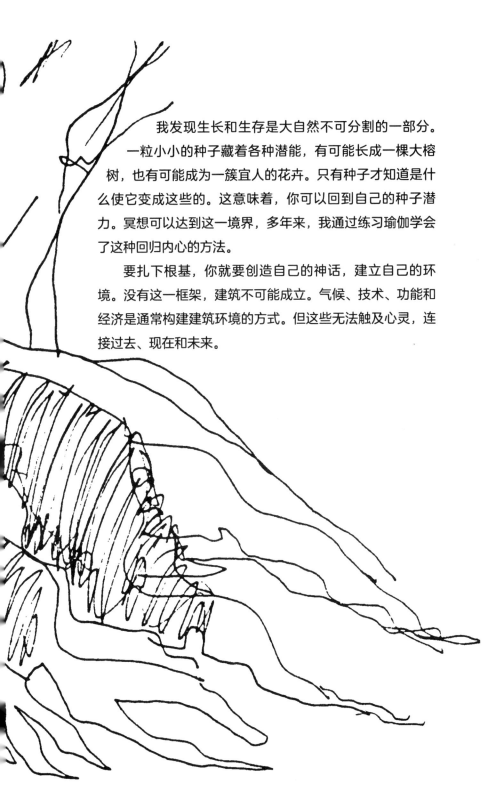

　　我发现生长和生存是大自然不可分割的一部分。
　　一粒小小的种子藏着各种潜能，有可能长成一棵大榕树，也有可能成为一簇宜人的花卉。只有种子才知道是什么使它变成这些的。这意味着，你可以回到自己的种子潜力。冥想可以达到这一境界，多年来，我通过练习瑜伽学会了这种回归内心的方法。

　　要扎下根基，你就要创造自己的神话，建立自己的环境。没有这一框架，建筑不可能成立。气候、技术、功能和经济是通常构建建筑环境的方式。但这些无法触及心灵，连接过去、现在和未来。

去寺庙祈
祷，参加《摩
诃婆罗多》和《罗
摩衍那》这些史诗故事
的表演，在浦那和周遭乡
里背诵圣歌，这些都是我生命
中最深刻的记忆。我出生并成长
在一个非常传统的中产阶级家庭，然
而，我的生活却发生了如此翻天覆地的
变化！这使我百思不得其解。

高中毕业后，我的邻居兼同学迪瓦卡·邓格尔（Diwakar Dengle）介绍我去了文卡特斯·帕蒂尔（Venkatesh Patil）开办的现代艺术学院的绘画班。我在学院待了两年，在这期间，画乡间风光、老房子、小寺庙，画村里人，画小动物等，我很喜欢和在学院认识的朋友们相处。由于这段经历，我开始发现我自己。

"你为什么不去 J. J. 建筑学校呢？"有一天帕蒂尔问我。"你数学和科学都很好，画画也很好。你是学理的，还有什么比这个更适合？回家继承生意，做家具？"他的问题为我打开了一扇新的门。我以前从来没想过这个问题。换句话说，"我是会继承祖传的家业，还是会选择一条未知之路？"试图回答这个问题让我既兴奋又害怕。

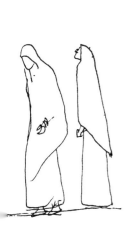

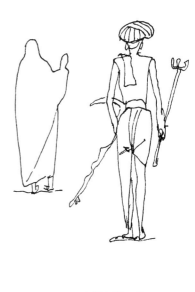

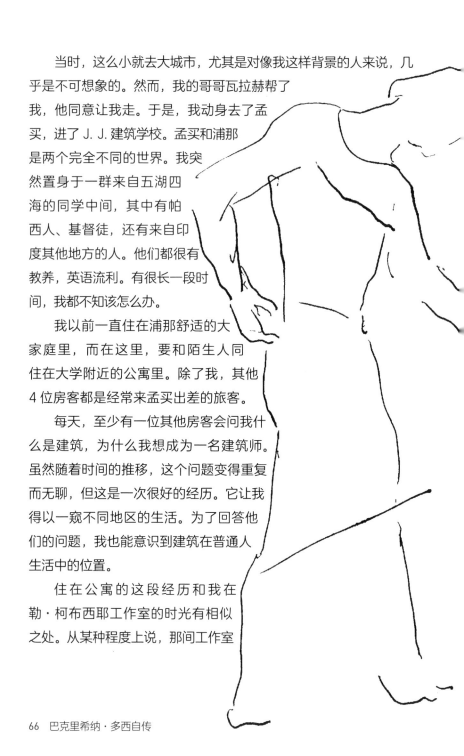

当时，这么小就去大城市，尤其是对像我这样背景的人来说，几乎是不可想象的。然而，我的哥哥瓦拉赫帮了我，他同意让我走。于是，我动身去了孟买，进了 J. J. 建筑学校。孟买和浦那是两个完全不同的世界。我突然置身于一群来自五湖四海的同学中间，其中有帕西人、基督徒，还有来自印度其他地方的人。他们都很有教养，英语流利。有很长一段时间，我都不知该怎么办。

我以前一直住在浦那舒适的大家庭里，而在这里，要和陌生人同住在大学附近的公寓里。除了我，其他 4 位房客都是经常来孟买出差的旅客。

每天，至少有一位其他房客会问我什么是建筑，为什么我想成为一名建筑师。虽然随着时间的推移，这个问题变得重复而无聊，但这是一次很好的经历。它让我得以一窥不同地区的生活。为了回答他们的问题，我也能意识到建筑在普通人生活中的位置。

住在公寓的这段经历和我在勒·柯布西耶工作室的时光有相似之处。从某种程度上说，那间工作室是所有对现代建筑感兴趣的人的朝圣之地，所以有许多来自世界各地的访客。这让我得以一窥不同的国家、民族、文化，也能了解世界各地人民的普遍愿望。

在那里，我遇到了来自米兰的厄内斯托·罗杰斯（Ernesto Rogers）、来自苏黎世的西格弗里德·吉迪恩博士和艾菲雷德·罗斯（Alfred Roth）、来自罗马的工程师皮埃尔·路易吉·奈尔维（Pier Luigi Nervi）、来自美国的塞吉·希玛耶夫（Serge Chermayeff）和何塞·路易斯·塞特（Jose Louis Sert）、来自巴西的卢西奥·科斯塔（Lucio Costa）、来自英国的杰奎琳·蒂尔维特（Jacqueline Tyrwhitt），以及 CIAM 的许多建筑师。

工作室里一直有几种语言在讨论着我们各自国家的建筑和生活。我开始挣钱后，就和他们一起去书店，在遍布巴黎的各种小酒馆里吃午饭，参加画廊、音乐会和剧院的活动。不得不说，那是一个学习建筑和生活的好地方、好时候。

我还与格曼·桑帕、罗杰里奥·萨尔莫纳一起参加了索邦大学的社会学和艺术讲座。我开始看法国电影，这也帮助我学会了法语，很快，我就能毫无口音地说法语了，生活也像个法国人了。我还搭便车游遍了欧洲，他们那儿都习惯这样。

当然，这些其实发生在很长一段时间之后。在巴黎的头几个月里，因为没人能说上几句话，我只能一个人走回旅馆。我迟疑着，在能找到的最便宜的小酒馆里要份牛奶和奶酪三明治，独自回到住处，一边吃，一边透过窄窄的长窗往外看。

不想走路的时候，我就坐公共汽车，但不坐地铁，以便看到街上的风景、商店的橱窗，街道两侧是雄伟的多层石头建筑，有漂亮的雕刻和精美的立面，看着比孟买的房子大很多倍。城市的富足在一开始给了我极大的震撼。高大的开敞空间、装点着狮子雕塑的大型公共建筑、报亭前矗立的男男女女，还有几百个总是在宣传迷人的电影、戏剧、音乐活动的广告牌。

泽纳基斯喜欢现代音乐，他和埃德加·瓦雷泽（Edgard Varese）、奥利维尔·梅西安（Olivier Messiaen）这些先锋作曲家都很熟悉，我也因此开始了解西方古典和现代音乐。我们一起在巴黎的音乐厅度过了许多夜晚，参观博物馆，夏天去露营，在附近的小镇上消磨时光。

我也了解到很多社会问题、政治形势，特别是关注贫民生活的左翼政治活动。第一次，我开始意识到社会的贫困阶层无处不在，不仅在浦那、印度这些我熟悉的地方有。我相信这个阶段的生活对我的工作和世界观的影响是最大的，持续时间是最长的。从那时起，我一生都很注重朴素的生活，也特别关注在建筑中更充分地利用资源和资金，比如选择合适的建材、合理的建造技术，以及赋予空间多样的功能。

巴黎就是巴黎，在大学城附近的小酒馆里有很多机会碰到来自印度的艺术家，比如 S. H. 拉扎（S. H. Raza）、F. N. 苏扎（F. N. Souza）、阿卡巴·帕达姆西（Akbar Padamsee）和帕里托什·森（Paritosh Sen）。我还在大学城的日本馆（Maison du Japon）里找了个房间住了一阵。我运气很好，那间房正对着瑞士馆。这座建筑物就像庙里的神像一样，成了我每天早晨拜望（darshan）的对象。

最后，当我提出要回印度时，勒·柯布西耶很不情愿；但当他知道我得了慢性结肠炎后，也只得勉强同意了。

在我离开前几天，他邀请我去 Nungesser et Coli 街他的家里吃午饭。这对任何人来说都是难得的款待。直到现在，我还清楚地记得拜访他家的情形。

他的公寓里最引人注目的东西是螺旋楼梯，只用一根垂直的管子作为栏杆，如此具有雕塑感，通往被玻璃围合的屋顶平台。公寓如同在做一场令人难以置信的流动空间的顶级教学。每个房间都由他那些独具特色的通高旋转门实现了相互流动。公寓的平面和空间传达出在他 20 世纪 30 年代的纯粹主义绘画中表现出来的一切。

他还设计了家具。我清楚地记得那张餐桌：我感觉白色大理石桌面的边缘尖锐得如同刀刃，而其支撑只有两根钢管。还有皮沙发、橱柜上的滑轨百叶门、一幅精心挑选的他的画作和其他艺术品。这个场所让人觉得很私密。

饭后，柯布西耶带我去了他的私人书房，指着桌上的一堆素描和画作说："选一幅吧。"我犹豫了一下，选了一张绘于1942年的4位女士的水粉画。他说："你很有品位，再挑一幅。"我又选了一张，他说："我很高兴你选了这个，这张也给你。"

他给画签上名，又问："是不是应该有个证明？你回到印度会需要的，别人会要看的。"他又挑了一张，用法语写上"优秀的建筑师"，署了名"勒·柯布西耶"。他说："这对你有好处。"在那一刻，我觉得我好像是在印度，这是我的古鲁，他给予我祝福。即使到了现在，我每天都能感觉到他的存在。

柯布西耶希望印度的工程基本完成后我再离开。他的秘书珍妮夫人开始把有关印度项目的信件转交给我，尽管实际上是桑帕和雅克·米歇尔在处理这些项目。

与此同时，昌迪加尔议会大厦项目的秘书兼总工程师P. L. 瓦尔马（P. L. Varma）认为应尽快建造州长官邸，要我马上去昌迪加尔的现场办公室。他专门为我设了一个岗位，让柯布西耶尽早派我过去。

显然我现在得回印度了，但离开巴黎并不容易，这是我真正学习建筑的地方。在这里，我了解到西方文明的成就，过着与我的成长环境截然不同的生活，但又非常充实。

这些事情，我还能再经历一次吗？悲伤总是出现在离别的打算和抵达前的迷茫之间。这些地方我还能再回来吗？在 20 世纪 50 年代，旅行不像现在这么容易，即使我很想回家，我也因为要离开而感到很难过。为了防止再出变故，我决定在乘船前往印度之前，去欧洲各地旅行，那也是一直以来建筑师常用的方式。

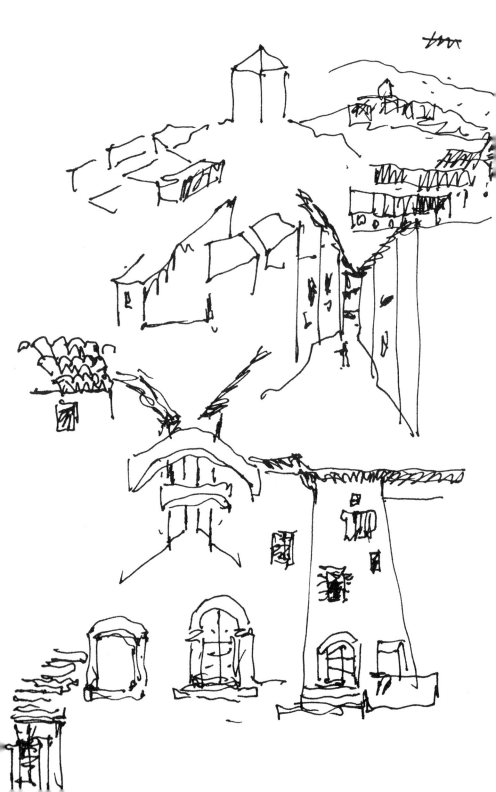

我决定去意大利南部海岸的布林迪西（Brindisi），去希腊的普里尼（Priene），然后去埃及的亚历山大，作为这些国家的主要目的地。在亚历山大港可以搭船回孟买。除了从亚历山大港离开，其他的行程不是固定的，在沿途其他重要景点，我想停留多久就停留多久。

我打算一路搭便车。为了轻装简行，我提前把我的书和一个大木箱托运了，里面装着我新买的图板——与我在勒·柯布西耶工作室用的那个很像，还有 S. H. 拉扎送我的油画。那幅画真是一个惊喜，在我准备离开巴黎前的一天，拉扎来到我住的地方，把他最近的作品送给我，当作离别礼物，真是个好朋友！

很快，我开始了旅行，我当时认为这是我最后一次有机会看到欧洲那不一样的文化，特别是视觉艺术领域的成就了。我旅居巴黎，在法国游历，这让我对其发展有了大致的了解，但我还想有更为贴近的感受。我已经抓住了机遇，从孟买的 J. J. 学校到了伦敦，又到了巴黎著名的柯布西耶工作室，我真不知道是不是还会再做一次同样的事。

几天后，我在维托里奥·格雷戈蒂（Vittorio Gregotti）的办公室里看到了 17 世纪意大利建筑师皮拉内西（Piranesi）绘制的罗马平面图，图中有十字交叉拱、楼梯和各种建筑类型的平面图，我被迷住了。结构元素支持着高大的拱顶，开放的空间中有折射后的光线挥洒其中，不同的楼层有着形态各异的空间和尺度。在他画的罗马平面图中，我看到了重量、平面、结构、节奏和形态是如何在室内外创造出无限体量的。

我在桑珈的工作室的墙上挂了许多类似的画作，因为它们是我生命中许多阶段和事件的联系，其中隐藏着我的童年、我的校园时光、我的职业生涯、我的家庭生活和一直引导我的灵感来源。

我还去了厄内斯托·罗杰斯在米兰的办公室，之前我在巴黎的工作室见过他。他把我介绍给办公室的另外两位客人：来自伦敦的布赖恩·理查兹（Brian Richards）和一位来自美国的建筑师——我已经忘了他的名字了。他们也在进行欧洲之旅，我们决定一起游览米兰这座城市。

我在此回忆这些，是因为这件事极不寻常。要知道，在那时候，世界并不像现在这样联系紧密，没有那么多不同国家、不同种族的游客在世界各地穿梭，也没有那么多的机会接触到当今数字媒体提供的不同文化。

　　我们三人在城里四处游逛，一起在宏伟而朴实的教堂里欣赏它的内部装饰。突然，4个穿着黑衣服的老妇人走近了我们。

　　一位女士先碰了碰我，另一位碰了碰布赖恩，第三位碰了碰我们的美国建筑师朋友，扯了扯他浓密的卷发，好像是为了确认我们都是真的！然后，她们开始兴奋地交谈，不时地用手指着我们。

　　我们最终弄明白了兴奋的原因，那真是个惊喜。我们三人在一起如此不同寻常：布赖恩是白人，另一位建筑师是非裔美国人，而我是来自印度的棕色人种。在那座教堂里，我们的出现，让那些妇女多少想起了耶稣诞生时的三位智者！

　　这次相遇让我想到了联想和记忆是如何消除时间和空间感的。我们的工作和活动不应该也有这样的神奇吗？

如果我哥哥瓦拉赫和嫂子不支持我，我就不会去伦敦，那样我就不会到达巴黎和米兰，更不会途经罗马和威尼斯，到达雅典，最后抵达亚历山大。我们的祖先通过神话、历史和遗产留下了那么多的东西，让我们得以发现自身的起源和目标。

我不知道为什么，但我喜欢这样想，也梦想能够这样。我不喜欢囿于一地，我的梦想属于我自己。这段连接若干世纪的旅程不就是如此吗？其中是否有一种暗流？是否有一条连接现实与想象的纽带？我们是不是已经忘记了惊奇的感受，忘记了光和影的魔力和神秘，忘记了表面、轮廓、声音和绿色植物的可见与不可见？

我记得勒·柯布西耶对城市的论述，还有我自己小时候的经历。为什么这些人时时都想要庆祝生活？而我们却没有呢？是我们移动、相聚的方式有问题吗？就这样离开，不再多看一眼？

为什么我们总是从一个地方狂奔到另一个地方，从一个事件冲向另一个事件，而不愿慢慢走？为什么我们没有时间把事情做得更好？难道雕塑、色彩、绘画、壁画、歌唱、舞蹈并未存在于我们心中？勒·柯布西耶总在谈论他的绘画和雕塑；这不是一个古老的传统吗？好的建筑中蕴含着太多的艺术，它对建筑有怎样的影响？

到达威尼斯后，很多问题都有了答案。多么神奇的城市啊！它是那么与众不同，好客的贡多拉静静地行驶在运河中，数不胜数的步行桥、宜人的开放空间，还有那令人倾倒的静谧。

限制条件如此之多，这里怎么可能有在宽阔的林荫道上飞奔的速度？再说，那又有什么用呢？亲密、缓慢、交往和宁静，这些难道不是美好城市生活的重要组成部分吗？

来到圣马可广场，我想起柯布西耶曾把它说成是世界上最大的客厅，这比喻真是恰如其分。这么多类型的建筑存在于一个地方。如同好几个世纪的时间都被冻住了。**每一座建筑都说着不同的语言，然而人们的意愿让它们连接到了一起。否则，如何解释图书馆围合的院子、威尼斯总督府的宫殿和圣马可大教堂这些立面之间的区别呢？**

我相信，威尼斯总督要求建筑师在设计大教堂时创造出东方世界的神奇体验。在这些建筑中，我真正理解了丰富性，好的设计深化，有助于细部的设计，这里的马赛克地板、穹顶、壁画、门，还有彩色玻璃，无一不是如此。

你如何创造一个你甚至无法描述的梦想？在梦中，我们总是很快乐。在梦中，没有什么可失去的。这时，我想到了史诗《摩诃婆罗多》中提到的天帝城（Indraprastha Palace）。那是玛雅（*maya*）创造的，据说在其中制造了许多奇幻的感受。

例如，一条通道上普普通通的地板可能看上去像个水池，这会让居住其中的人很尴尬，他们不得不跐着脚挪动，以防把脚或衣服弄湿。这种幻觉是有意为之的。也许建筑能够创造这样的幻觉，但我们已经失去了这种能力。

看到贡多拉就在圣马可广场地面的边缘，是多么美妙的经历啊！直到到了那儿，我才意识到水面和地面之间没有任何台阶和高差是如此奇特，但在印度这却很常见。

有好几天，整个广场都被水淹没了，我大吃一惊，但人们仍能在临时搭起的木板上行走，这样做显示了他们对生活的热爱。尽管在一些季节会有点不便，但必须珍惜这里提供的庆祝和欢乐，生活必须继续下去。

同样令人难忘的还有雅典卫城。我曾经听说过，也读到过那些对它热情洋溢的描述，我花了好一阵子才能把自身的感受和整个建筑群的成就联系起来。最后，当我在卫城边上的建筑中俯瞰下面的圆形剧场时，建筑与广阔的地平线相连的那种场景深深打动了我。

环绕帕提农神庙漫步，我发现了另一种观察风景的视角。远处，有一些女像柱支撑着另一座神庙，那就是伊瑞克提翁神庙（Erechtheion）。我不解，用人来支撑建筑物，也是一种古老的习俗吗？

一想到卫城遗址，我就想起我们的神庙遗址。它们也总是建在环境中的高处，远远就可以看到。那些神庙总是看起来有些孤立，遥不可及，却足以吸引到虔诚的信徒。

All is in the mind
give up EGO
Seperation, Identity
become "That"
become everything
    Is only a
vision an Experience
Wall—see—feel the connectedness

These are all walls — create one
space, one room, one system

Temple is not
a temple
nor is the Statue
a Statue
or the Sanmatgan
a Sangasaran

VENEZIA → TORCELLO

Rest is all shadow

总体上说，这是一次充满教育意义而又愉快的旅行——经过长达 4 年在巴黎的工作室工作，就更是如此了。我看到了欧洲建筑和城市发展过程中的重要里程碑。我还有了充足的时间和机会，在旅行结束前思考自己的过去和未来。

一些人迹罕至的地方没有公共交通，这意味着我总是要找人搭车。如果不着急，在路边等着看飞驰而过的汽车还挺有趣的。为了搭到车，必须很有耐心，坚持不懈——有时要坚持几个小时——尤其是在荒凉的地方。

我记得有一次，我等了很久，看到一辆装满甜瓜的卡车开过去，又掉头回来。我正疑惑，司机问我们，在这么荒凉的地方干什么。得知我们已经等了很久了，他就提出带我们去靠近布林迪西的地方。

这段路很长，中间会路过他住的村子。他就问我们，"今晚要不要在我家过夜？我相信，你会喜欢我们的晚餐的，当然，还有甜瓜，别犹豫啊。"陌生人之间的友情往往是瞬间产生的，超越了语言障碍。

于是，我和朋友两个人在他家过了一晚，早上和他一起吃了早餐。整个上午，我们都是这个小村子的焦点。我们被介绍给所有的村民，喝了好几杯咖啡。在陌生的地方，这么简单的事情就能让人如此快乐。

这与城里的生活如此不同。我有时会想，我们过着例行公事、机械呆板的生活，却没有像在去布林迪西的路上经历的这样简单的快乐。

我第一个真正意义的假期，或者说，一次非常有教育意义的旅行，终于途经雅典，而结束于亚历山大了。

与我四年前从孟买到热那亚的旅行相比，这次乘船回国的经历非常愉快。我尽情享受我的客舱，还有餐厅的食物、舞蹈和饮料，一路都是乐趣。

上船的时候就很有趣。在门口，工作人员要我出示护照，核实身份。我问为什么，他说，我拿着头等舱的船票，样子却好像已经好多天都只穿着一套衣服睡觉。确实如此，我告诉他，我在搭便车旅行。我们都笑了。

一路上，我开始感受到离开巴黎这个现实的打击。尽管刚到那里的时候遇到过麻烦，我已经开始喜欢在那里的工作和生活了。我不知道会不会回到那里，或者其他我去过或是想去的地方。

我的脑子里闪过各种各样的念头，考虑两种完全不同的生活方式和世界观的利弊，包括家人、朋友、同事和更大的社会关系。

别忘了，要把生活调回四五年前我离开时的方式。我没攒下钱，只能带着曾和一位伟大建筑师一起工作，并且游历各国的经历，回到家中。

我上船的时候没带什么钱，但还是为在船上交到的朋友花钱办了场相当昂贵的聚会。我想带着美好的记忆回家，所以我把他们都叫来，订了个大蛋糕，还有很多酒，我的最后一个法郎也就这样消失了。

我的许多新朋友都对自己的未来做了很好的规划。一个回浦那的弗格森学院（Fergusson College）教书；另一个会加入家族企业；至于我自己——还没定下来。

船靠近孟买，我突然很想家，所有沉睡的记忆都涌上心头。我想念从小在浦那住的房子，还有大家庭中所有我在乎的人。

焦虑突然紧紧抓住了我。我没有和他们任何一个人保持联系，也不知道亲友的状况，我甚至不知道哥哥瓦拉赫会不会在港口等我。

看见我，他会高兴吗？还是会因为我通信不勤而生气？除了背包，我什么都没有，甚至连给别人买礼物的卢比都没有，我该怎么办？

我知道他们有多爱我，但哥哥和嫂子会怎么想？他们希望我回到家里，做家具生意，还是允许我再次离开他们，去昌迪加尔工作？在这之前，我已经给他们写了封短信，告诉他们我会回来。

但是，我下船时，瓦拉赫就在那儿。他又哭又笑，没说一句话就抱住了我，我觉得像回到了家。"你能借给我一千卢比吗？"我几乎马上问瓦拉赫。"你一点也没变，巴尔。你的习惯，我都记得，"他一边说，一边把钱给我。

"我们还在想你是不是会回来，你都好几个月没写信了。你生气，是因为我们没寄钱吗？你在那里还好吗？还是你不想让我们知道你过得不够好？没有钱，语言不通，你是怎么在巴黎生活的？排灯节、新年，还有其他节日的时候，我们都很想你，我们也总是在为你祈祷。你嫂子许愿，总是要你平安，早点回来，你喜欢你的工作吗？交了朋友吗？"他不停地问啊问，像是要把这么多年没联系的日子都补回来似的。

我又回到了那个充满感情的地方，四年的时间就像是停滞了。没有谈到我的工作、自身的进步，也不在乎钱。他们只是急切地想知道我所见过的遥远国度的情况。

于是，更多的问题接踵而至："巴黎的街道真的是用玻璃做的吗？据说那儿的街道特别干净，闪闪发光。巴黎很漂亮吧？听说尼赫鲁总理的衣服都是送到巴黎干洗的，真的吗？这段时间你的身体怎么样？"

问题一个接一个，我尽我所能回答。然而，当我提到我要到昌迪加尔为勒·柯布西耶工作的那一刻，瓦拉赫吃了一惊。他一定在想，就算我回了国，也还是要走，到印度的其他地方去。所以他问："你为什么想去昌迪加尔？你不想进咱家的作坊吗？不能在浦那做建筑吗？"

他一定意识到这一切来得太突然了，因为他最后说："好吧，这么多年，你总算回来了，我们想让你和我们一起住两个星期，还想让你见见嫂子为你找的姑娘。"

吃晚饭的时候，嫂子也说："你以前认识她，我把所有事儿都安排好了。"她注意到我不上心，又问："你心里还有别的姑娘吗？在这儿，还是在巴黎？"也许，她是想让我和瓦拉赫一块儿做家具吧。

突然，我感到自己不属于这里，不属于他们的世界。我压根儿没想过结婚。有那么多令人兴奋的工作要做，建设一个非常现代化的印度首府，建造像国会大厦那样的建筑，与世界上最先进的建筑师、规划师一起工作，这肯定是一个独一无二的项目，也是一个非常难得的机会。

我怎么向他们解释我的抱负、我看重的东西？我尽己所能，最后向他们保证，如果我要结婚，一定会征得他们的同意。他们相信了，态度也软化了，同意我去昌迪加尔。

如今想来，要是那时我结婚了，现在还会在这儿写这本书吗？

我在浦那愉快地过了几个星期。虽然过去几年，我并没有想念这个地方和这里的人，但待在这里，我又重新和它建立了联系。我想起去孟买、伦敦和巴黎之前的生活，这让我重新审视了我与这个地方的联系。

　　那时，以及现在的 2019 年，我都认为，我记忆最深刻的事情还是我的妈妈、我的爷爷，以及我小时候遇到的一次严重事故。那时我的腿被严重烧伤，在床上躺了六个月，后来我只有轻微的跛足而没有截肢，堪称一个奇迹。是因为医生吗？还是因为照料得当？或者是我妈妈在保佑我？因为那之后，我好几次都感到她在我身边，许诺保护我，支持我。

人的一生中常有感到空虚的时候。在这样的时刻，有一种内在的呼唤，想要在孤独和寂静中独处。这样的事情在我身上发生过几次，印象最深的是 11 岁的时候我把右腿烧伤了，这事都怪我自己，我总爱看哥哥点煤油炉，过程中他会把燃烧的叉子塞进一个装满汽油的瓶子里，瓶子一着火，他就会很快把盖子盖上，把火扑灭，就像变戏法一样。

有一天，我想学着这么做，小心地躲开姑姑，但因为没有足够快地把盖子盖上，瓶子里的汽油就不停地烧，瓶子太热，我一害怕，放开了瓶子。当时我正盘腿坐在地板上，短裤着了火，右腿被严重烧伤。好在小姑听到了这番动静，冲进来看发生了什么，马上拿条毯子盖住了我的腿，把火灭了。很快，家里所有人都围了上来，从他们说的话里，我知道我的烧伤很严重。在我看来，这是一场灾难，我为自己做了这件蠢事而痛苦、恐惧、羞愧。

很快，我大脑变得一片空白。很久以后，我睁开眼睛，发现自己一个人待在家里的正房，右腿缠着绷带。这间屋子和我经常与堂兄弟玩耍的地方一样，非常幽暗。几天、几周、几个月过去了，我就躺在那里，除了小姑和姐姐，大部分时间没有人和我说话。当然，每个人日常活动中都会经过这个房间，但仅此而已。

包扎后已经修养好几个星期了，老人意识到伤口应该是感染了，那是非常严重的。他们找来研究对抗疗法的瓦曼若·阿普特（Vamanrao Apte）医生。我躺在那儿，处于半昏迷状态，听见他轻声说："有败血症，右腿满是脓，他需要特殊的药，要不就只能截肢了。"

那是一个特别糟糕的晚上，虽然还有许多也同样糟糕。我发着烧，疼得厉害，处于半昏迷状态，神志不清。折腾了一夜，早上大家终于歇了下来，周围一片寂静，接着留声机响起了当时的流行歌曲，打破了沉默。有一首歌是歌手说要建造独一无二的房子，过上快乐的生活；

还有一首则像是催眠曲，让公主安睡。我被这些歌搅得心烦意乱。

我想要高兴起来，想好好睡一觉，但看起来都是不可能的。我疼得受不了，不能动，不能哭，不能喊。突然，我听到别人叫我的小名——巴尔亚。"巴尔亚，是我，你的妈妈，"那声音说，"别担心，我和你在一起。你很快就会康复的，会和以前一样好。"

我还觉得，她在轻轻地抚摸着我，拍着我。最后，她把手放到我感染的伤口上，让痛楚平复。留声机里放的催眠曲好像成了真，我很快就睡着了。即使到现在，我也不确定是新的药物还是妈妈的手起了作用，但那晚之后，我很快就康复了，就是有点儿跛。

即便是如今，每当我感到孤独或绝望时，都能感到母亲就在我身边。多年来，我有很多次在恍惚之中，从小姑说的话里听到她的声音——就是那位发生事故时给我盖上毯子的姑姑。后来达达告诉我，母亲去世前曾让她照顾我们。也许母亲的精神一直存在于小姑的心中，一直守护着我，帮助着我。

那天晚上，我梦见妈妈对我说："你知道为什么你的名字叫巴尔，巴克里希纳吗？因为你就是我的主，我的小克里希纳 [1]。你难道不想像他那样，时刻意识到自己的责任？你必须消除贫困，带来繁荣。你还记得卡力雅（Kaliya）的故事吗？它是条凶猛的眼镜蛇，生活在贾穆纳河（Jamuna River）里。克里希纳打败了它，让那里能够安全、和平、繁荣。我知道你会像他一样的。你们要用自己的劳动建设一个繁荣的社会、一个人间天堂。记住，你永远不会受到伤害，我会一直在那里指引你。"

---

[1] Krishna，梵文，克里希纳神，为毗湿奴神最主要的化身。——译者注

多年以后，著名的精神病学家普林·加格（Pulin Garg）医生给我讲了重要的 *namadhikaran* 仪式——指的是新生儿在出生后第十天得到命名的仪式。

他说，这种古老的仪式是很重要的，它会塑造一个人的内在精神；一个人的名字确实会影响他／她的性格。

我只能希望我真的实现了妈妈的愿望，没有辜负我的名字。

其他关于童年的显著记忆，就是达达伟岸的形象了。他身材高大，仪表堂堂，前额点着毗湿奴派（Vaishnava）的红点儿（tilak），总是穿着传统样式的正装，戴着精致的头巾或帕加迪（*pagadi*）。他右眼失明了，但看上去仍然像个王爷般气派。他不是严格意义上的教徒，但充满了灵性智慧。他不仅教了我很多关于宗教仪式的知识，还给我解释其中的关联和价值。

比如坐下吃饭的时候，他会从盘子里各种各样的食物中挑出很小的一块儿放在旁边，在食物周围洒上水，默默祈祷。等我们长大了点儿以后，他才告诉我们，这是向周围的神灵奉献食物和水。因为有他们，我们才有了食物，这是感谢他们的方式。

在他的指导下，我举行了萨蒂亚纳拉扬·卡萨（Satyanarayan *katha*）仪式。他还会让我和他一起去寺庙拜见学者。他在浦那赢得了社区的尊重，因为他的家具生意很成功，也因为他有非凡的处世之道。人们来家里拜见他，向他征求各种各样事情的意见；他们像尊敬长辈一样尊敬他。

我印象最深的是，有一次他谈起我的母亲。之前提到过，母亲在我还是个婴儿时就去世了，所以我对她的记忆很少。

有一天，我走到他身边时，他叫我过去，对我说："来，跟我说说话。"他挥手让我坐在他面前："我以前从没有跟你说过这事，但今天我想说。在我们家所有女人中，我最佩服的是你妈妈拉达。她非常贤惠，有教养，也温柔；她从不说任何人的坏话，即使别人说她的坏话，她也保持沉默，实际上是原谅了他们；她非常勤劳，总是在干活儿，照顾瓦拉赫、古拉布（Gulab）、马奈克（Manek）、维塔尔（Vithal），还有我们所有的人。"

停了一会儿，他又说道："她是一个非常虔诚的人，非常虔诚，每个星期一她都去马哈德夫（Mahadev）神庙，从不停歇。她有美好的愿望，她最看重的是帮助穷困的人，教育无知的人，救助生病的人。她没有受过教育，但她能背诵整部《吉达》①。她从来没有错过与到家里来的教长见面的机会。她去参加所有宗教节日的庆祝活动。我不知道她是怎么学会装饰房子的，但你在家里看到的所有色彩、纺织和绘画都是她做的，即使在她去世这么多年后，我们仍然没有改动任何东西。"

达达又停了停，继续说："她爱摩蒂，你的小姑。就像对待自己的亲妹妹一样。我想说，她是戈库达斯·纳拉扬达斯（Gokuldas Narayandas）家族中最贵重的珍宝。我很想念她。"说到最后一句话时，他已经激动得不能言语，眼泪顺着脸颊滚落下来。停顿良久，达达才接下去说道："你知道她有多虔诚吗？她去世后不久，我们世代居住的作坊后面的那口水井，突然就干了。我不知道是怎么回事，我懂些占星术，但这超出了我的理解范围。你出生的时候，她坚持要叫你巴克里希纳，她一定知道原因。我相信她的预感，她知道得比我多。"

---

① Gita，即《薄伽梵歌》，全称为Bhagavad Gita，意为"神之歌"，是印度家喻户晓的神典。——译者注

"记住，没有黑夜，就不会有日出。不要只想到日出和微笑，也不要只想到最黑暗的夜晚和死亡，他们都是你的一部分。接受自然，发现它的积极面，把它当成一场旅行。"

他做了个手势，表示他讲完了，然后把手放在我的肩上："巴尔，我祝福你。"我第一次知道关于我母亲的一切，那一刻我有点目瞪口呆，不知道该做什么，我起身，摸了摸达达的脚，离开了房间。当我离开的时候，我想起了那口水井，就像被人拉着一样，我慢慢走到井边，找个木匠打开了井盖。那是一口枯井，看着怪别扭的。我看看拿下来的井盖，不是用能长期使用的结实材料制作的，好像随时在期待奇迹发生，让井水回来。我真想知道，妈妈是否会帮助它复活。

从巴黎回来，我站在房间里，仍然能感觉到我躺在地板上的床垫上，还有那痛苦的 6 个月。我站在那儿，又一次听到了母亲的声音，"巴尔亚，是我，"她说，"也许你不知道，我一直和你在一起，在你旅行的时候，在你待在巴黎的时候。我将永远和你在一起，尽我所能保护你，引导你，支持你。永远不要失去信心，无论任务多么艰巨，未来看起来多么渺茫。记住，你的名字是巴克里希纳。"

慢慢地，童年的记忆又把我和这个地方联系起来了。在道路宽阔的巴黎待过，我家门口的朱尼巴吉街（Juni Bhaji lane）看上去好像比我记忆中的要窄得多。我发现，一切似乎都没有改变，就如同我前一天刚离开一样。

我记得我们家的大门总是开着，很少关上，尤其是在黎明和黄昏。因为人们相信，拉克西米（Laxmi）——财富女神——会在这个时候到访，如果门关上了，这家人就会陷入贫困。我想，这种开放的姿态其实也会让邻居和客人感到宾至如归，他们可以直接走进家里来。

但我最珍贵的记忆还是在达达经营的家具作坊。这可能是因为在选择成为一名建筑师后，我对这个地方和我的经历的思考，远远超过了我在这里的其他生活领域。

我们在朱尼巴吉街的房子已经用了几十年了，不断扩建，虽然因为靠近家具作坊的棚子，着过两次火，然而在达达的坚持下，两次都得到重建。他从不会因灾难退却，只会更努力，去战胜灾难。柯布西耶也有这样的品质，我从他们两人身上学到了这一点。

每当我想起浦那的家，眼前就是一片楼梯的森林，狭长的房子经年累月地扩建，以满足大家庭几代人不断扩张产生的需求。孩提时代，我永远找不到房子的尽头，不知道哪儿是最后一个房间，至少我这么觉得。楼梯那么多，又那么长，那么窄，不仅连接着房子里的每一层，也连接着作坊的整整 3 个楼层。所以你可以不停地上上下下，无限循环。

我常常去作坊里逛，那是个很大的棚子，铁皮屋顶，有木头搭的夹层。那里总是弥漫着新鲜木屑和油漆的味道，激动人心。我可以看到各种各样不同尺寸、处于不同工序的木构件，有的接近完工，有的带着锯痕，有的木头的纹理经过打磨变得熠熠发光。还有一大摞大小不一的木材，按一定的规则堆放，进行风干处理。

　　到处都是没做完的桌子、椅子、柜子和床。想想看，树木那样又粗又大的东西是怎么被改造成家具这样小巧实用的东西的。木头和抛光剂的气味，还有达达关于工作的故事，都有着无穷的魅力。

　　我也在这里学到了一些重要的工作经验。我自己做工程时，常常因为一个看似微不足道的改进而返工，同事和助手为此大动肝火，但我不得不这么做，我控制不住。我常想这到底是怎么回事，突然意识到，这是我从达达那里继承的天性。他是个追求完美的人。

　　达达眼光犀利，他能很快发现最小的错误，所以我们的家具才能以做工精美闻名。我记得有一天，他离着六七米远，就觉得一个桌面做得不好。他把木匠叫过来，说这桌面不平整，粗制滥造，但木匠说："我不觉得有毛病。"

　　达达就让他去拿一壶水来，然后往桌上倒了一些水，所有的水很快流向一边。证明自己是对的以后，达达走到那个人面前，扇了他一巴掌。我被吓了一跳。然而，几天后我才得知，在那件事发生的第二天早上，达达买了些甜点，和那个木匠一起喝了茶，谈起工作完美的重要性。我觉得他也是在弥补自己造成的伤害。

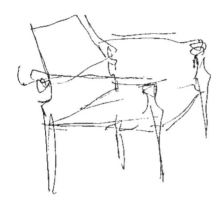

　我记得他有一次说过：**"神存在于完美之中，我们应该像追寻神那样，满怀激情地追寻完美。"** 我永远也忘不了他教给我的东西，直到现在，每当我看到一件新家具，我总会像达达那样做一番查看。

　关于达达的房子，我还记得一些细节：窗户是由预制的构件拼装的，有的有两个水平的百叶窗，可以分别控制采光和通风，还能保持私密。众多阳台的落地窗几乎占据了房子的整个立面，别人可以从街对面的家直接看到我们的房子里面。

　朱尼巴吉街上的很多房子都显得很奇特，一户户人家在这里繁衍生息，让房子也不断生长。人们都很喜欢站在阳台上，和街对面的亲友聊天。在我的记忆里，除了深夜，街上和屋子里就没有一刻是安静的。

　从街上看，大部分房子都在做买卖，销售的东西有香烛、香水和家居用品。街上有一个金匠、一个裁缝，我们家庭医生的房子也在这里。它就像一个有着各种各样活动的完整社区，提供日常生活所需的种种便利。它为像我一样在这里长大的年轻人提供了学习和了解社区复杂需求的机会，了解社区内的混合功能如何为日常生活提供便利。

唉，我回到这儿以后，却发现许多事情已经起了变化，与儿时形成了鲜明的对比。交通更拥挤了，也更吵了。然而，不像从前，那里已经没有孩子打板球，也没有老人坐在街上讨论政治，这是印度人最热衷的消遣。它已经失去了曾经它所支撑的社区中丰富的社会生活。

这里已经不再是我童年的朱尼巴吉街了。装着安全格栅的混凝土高层公寓取代了朴素的多层房子，再也没有让邻居们彼此交流的开敞阳台和走廊了。我猜，每个人现在都待在家里，待在电视肥皂剧圈定的小世界里吧。

朱尼巴吉街所在的大街区 Ravivarpeth 也完全变了，原来工匠工作的车间被改成了商店。这里已经没有我的家人和朋友留下的踪迹了，也没有其他熟人的踪影，以前我每天经过他们家门口时，都会点头、问好。这些街道，现在只是交通堵塞、停车混乱、毫无人性的道路了。

我想，变化是不可避免的，但家乡浦那周围的变化对我来说是最真切的体验。我这次回到那里时，一时冲动，想去一家卖胶合板的商店坐下来，闭上眼睛，重新回到 60 年前的生活。

我意识到，无论现实已经变得多
么不同，我都无法抹去对那个地方、
那些人以及对他们早年生活的记忆！
我们能忘记这个我们熟悉的地方的声
音、气味、节日、香气和芳香吗？

在柯布西耶工作室时，安德烈·梅索尼耶曾跟我说过，我有一个习惯让他颇为惊讶——当我爬上凳子往图板上钉图纸时，会用嘴叼着图钉。然后我就给他讲了印度的木匠是如何把钉子含在嘴里来解放双手的，这和他司空见惯的，把工具和材料放在裤兜、工具袋里可完全不是一码事儿。我向他解释，我们的木匠穿的都是腰布（dhoti），压根儿没口袋，那里全年都很热，我还给他画了一幅人们赤裸上身劳作的场景，这可把他兴奋坏了。

这次回老房子的时候，我爬上家门口的台阶，切实地意识到，达达去世后，这里发生了一些小变化。以前，房间里铺着厚厚的垫子，达达坐在那儿接待客人，如今垫子罩上了白床单；他为朋友看星相、为我们讲故事的地方，现在摆着沙发和椅子。

好在墙上刷的仍然是我妈妈选的淡蓝色涂料，墙上挂着的全家福和我离开前一模一样。我回想起木材抛光剂的气味、车间里工匠的声音。达达和他的家具作坊是我生命的一部分，我从来没有忘记，我们家是做家具的。

那次，我很高兴能见到家族的全体成员。然而，这次探亲也让我又一次意识到，他们的家庭和生活大多处于停滞的状态。以种姓、阶级和性别为基础区分人的责任和角色的传统方式，在现实中仍如此严格。相比之下，我自己的习惯和对于这些现实的看法已经发生了巨大的变化。

这确实造成了某些冲突，好在我们的邻居、瓦拉赫儿时的伙伴卡达姆（Kadam）救了我，请求其他人不要管我。他说："让巴尔照他的想法去做吧。我知道，他要过的就是特立独行的生活。他在国外已经学会如何生活了，不需要家里或其他的帮助。我跟你说，如果他不想干，你就别强迫他回来做家具生意。无论他做什么，我相信总有一天他会让我们感到骄傲的。"这似乎解决了我们所有人面临的冲突和困境。

瓦拉赫和我在一起待了很久，听我讲我在孟买、伦敦、巴黎和其他去过的地方的经历。我也听他说了我离开以后他都干了些什么，还有家里生意的状况和前景。我很愧疚，没有回来帮他忙生意，但他理解了我生活和工作中的新使命。

他意识到，从我去过的地方和做过的工作来看，浦那没有任何吸引我的地方。我现在能够看得很清楚了，浦那的环境像一个受到庇护的"舒适区"，使人自满，不愿改变，而没有改变就不会有成长。

然而，我想要的是去冒险，去应对新的挑战，无论是新的地方、新的语言、新的食物，还是新的工作。这样的舒适区真的让我窒息，尽管它很适合我那些堂兄弟——也许这就是他们从来没有离开过父母的家，也没有离开这座城市的原因。

当爱占据心灵，
思绪插上了翅膀，
当时的环境
也变成了旷野。
然而，要飞上天空，
就要倾听
来自星星的呼唤。
那是你的梦想
正在等待着你。

在浦那待了一个多月，我又经孟买和德里前往昌迪加尔，那在当时也是一次长途旅行。我很喜欢独自旅行，那是一种解脱，尤其是在我和浦那的大家族如此亲密地生活了一段时间以后——与我在巴黎已经习惯了的生活实在太不一样了。

坐火车旅行很有意思：身处在人群中，却又很孤独；周围有其他乘客，但都与我无关。我又开始思考建筑了，想起所有我在巴黎学到的东西，想到有机会继续与勒·柯布西耶合作如此重要的项目，真是令人兴奋。

乘务员叫醒我说昌迪加尔已经到了，那时是凌晨 3 点，天气很冷，我拿着行李和一个小包下了车，站台上几乎空无一人。在这深夜时分，我环顾四周，告诉自己，一定是昌迪加尔市规划办公室的那些建筑师设计了这个车站！

我走到一个人力车夫旁边，告诉他我要去哪儿，他回答："先生，我可以带你去 17 区找你的朋友，但现在叫醒你的朋友还为时过早，等天亮了，喝杯热牛奶或茶再走怎么样？我们要穿过整座新城，我想日出之后你会看得更清楚，也更能享受其中。"

虽然我很困，但还是听明白了。过了一会儿，我让他带我去了22 区。多年来，我已经在巴黎看过数以百计的素描、图纸和模型，但仍然被眼前的景象所震撼。人力车穿过一条又一条街道，我则回想着柯布西耶为这座城市做的 V-7 系统的种种细节。

"这儿人多吗？来 22 区的人多吗?"我问车夫。"是啊,挺多的。毕竟是 20 世纪的新城嘛。"我心中一动,人力车夫也能模仿贾瓦哈拉尔·尼赫鲁（Jawaharlal Nehru）对这个城市的描述了,而勒·柯布西耶本人在巴黎就常常这么说。

　　柯布西耶每年来昌迪加尔两次,每次一个月。我到昌迪加尔工作后,有一次他去那里,我们一起站在高等法院前面。他指着地上无数挖出来的土丘和远处拔地而起的居民楼说:"多西,你曾经问过我为什么要这么做。你知道,实际上我现在和这个城市已经没有任何关系了。我本来应该做个设计指南,再做一些居住区（sector）的细化设计,但现在麦克斯韦·福莱（Maxwell Fry）、简·德鲁（Jane Drew）和皮埃尔·让纳雷（Pierre Jeanneret）只希望我专注于国会大厦的设计。他们没有意识到,我想在印度表达的东西对印度人的重要性。他们也不理解建筑形式的特点和这里需要的开放空间的积极作用、步行模式的重要性,以及社会生活的本质。我为居住区和住宅集群计划准备的概念草图实际上已经被搁置了。"

我大着胆子问他："先生，您会在这里建集合住宅^①吗？"

"不，绝不会"，他回答得很强硬，"这是为印度人建造的地方；他们热爱土地，喜欢社交，必须有另一种适合印度的方式。要设计一个自由印度的城市，为 21 世纪提供愿景，我怎么会墨守自己的老一套呢？延续昨天的东西，接受西方的东西，这合适吗？这对我来说，难道不是一个同样具有独立性的机会吗？我不应该放弃过去的传统，放弃我以前提出的理论吗？"他继续说道："在这里，我有机会重新发现自己，重新审视和学习一个古老而陌生的文明。"

我有时候想，是不是因为这个原因，他在随后的工作中重新思考了他的设计哲学；他没有超脱自然之外强调人类的独特，而是选择与自然形成一种默契，这是一种在印度经受住了时间考验的哲学。

---

① the Unite，此处指柯布西耶著名的马赛公寓等集合住宅类型建筑。——译者注

当时还发生了一件事，柯布西耶收到一封电报，通知他将被授予 AIA（美国建筑师协会）金奖，询问他是否会接受。"这个奖杯会和女王 RIBA（英国皇家建筑师协会）金奖一样重吗？"他这么问，我觉得他是半开玩笑吧，就给了他肯定的答复，他说："好的，我接受。""每天早上我都好像生在驴皮里——谢谢——我接受。"①

他的话让我觉得很奇妙！如果一个人每天都认为自己生来就是个傻瓜，他就可以每天自由地选择自己的生活方式。没有禁忌，没有包袱，就像一个天真的孩子。我能摆脱我的包袱吗？选择权在我。它需要消除所有的偏见，迎接清晨的阳光。

---

① 驴在此处有愚蠢之意。——译者注

还有一次，我和勒·柯布西耶在昌迪加尔见面，当天晚上他要取道新德里回巴黎，我问他能不能和他一起去德里。"不，"他说，"我从来不让人陪，连秘书都不带。我想充分利用时间，所以总是带个本子，随时可以写写画画。"

我感到震惊，又觉得沮丧，他一定注意到了，又说，"好吧，你来吧，只要你在早上七点准时到达公共汽车总站。"这就是我的古鲁，既是工作上的，也是私下里的，既有关心，又有冷漠，都出现在了同一个瞬间里。

第二天到德里的时候已经过了午餐时间，柯布西耶问我，

"多西，你饿吗？"

"是啊，"我回答说。

"那你去过莫蒂·玛哈尔（Moti Mahal）吗？尝过那儿的唐杜里（tandoori）鸡吗？"

我说："没有。"

"那我们去吧。"

他领着司机穿过曲里拐弯儿看不到头的小巷，然后让司机停车，宣布说："就是这儿。"他领我走上一道很窄的楼梯，小心翼翼地避开餐厅的大堂，来到露台上。这儿很像一个路边的餐饮连锁店，当地称之为 dhaba，里面有铁的和木制的家具，我们点了唐杜里鸡。

他一边吃一边说："山上的鸡骨头多，肉少，但很好吃，是不是，多西？"看到柯布西耶变得这么"本土"，我很惊讶，他能在这个简单、破旧，却在整个德里都有名的餐馆里，品尝如此简单的食物。

吃得差不多时，他看了看表，突然站起来，向楼梯走去，我赶紧跟上他。下楼后，走到吉普车前，他停了下来，说了声："再见，我的小多西。"就飞快地转过身走了，我觉得充满了感情和爱。

尽管我很喜欢在昌迪加尔的工作，但我并不知道，那里的工程会生出大麻烦。因为我所处的位置和我扮演的角色，我是一个最了解柯布西耶的想法和工作期许的建筑师。

尽管总工程师 P. L. 瓦尔马全权管理项目办公室，拥有充分的独立性和权力，但随着项目数量的增加，政府机构的一些特点也还是渗透其中，比如在资历和年龄方面有强烈的等级观念。

我一度为此担心。问题应该是："既然还有 4 位资历更高的高级建筑师，瓦尔马先生怎么能再专门给多西安排一个高级职位呢？多西不光没有资历，甚至连 RIBA 的准会员都不是，只有在柯布西耶巴黎事务所的工作经验。谁知道他到底能做什么？"

有一天，当地的资深建筑师 A. R. 普拉巴瓦尔卡尔（A. R. Prabhavalkar）问我："多西，你在伦敦的时候为什么没有拿到 RIBA 的毕业证书？""我当然有啊，谁跟你说我没有的？"我反问道。然后他告诉我，办公室里所有的资深建筑师都认为我没有完成 RIBA 的学业，所以我不应该算是建筑师，更不要说资深建筑师了。

当然，他们还没有为此找瓦尔马的麻烦，他和普拉巴瓦尔卡尔都很高兴我能胜任工作。然而，我从进办公室的那一刻起，就觉得非常不舒服，在和这些同事工作的过程中更是如此。我知道，这里没有我们这种工作所需的亲密无间的友好关系。如果真是这样，我不希望继续在这里工作。

就在几天前，柯布西耶还很欣赏我把州长官邸做得更开敞的想法。柯布西耶的鼓励让我很兴奋，但当我在午餐时向其他同事提起这件事时，没人回应。这让人沮丧，但也表明了办公室里正在形成的斗争。

我的结论是，我不想待在这样的地方，和这些不把才能和价值作为追求卓越的唯一基本条件的人待在一起。我也开始意识到，这样一份安稳的工作会引起越来越多的竞争，但它的稳定又会把人变成废物，反而会产生不安全的感觉。回首过去，我认为，这件事在我开始印度的职业生涯之初给我上了很好的一堂课。

决定离开后，我去找瓦尔马，跟他说："瓦尔马先生，我非常感谢您给了我这个特殊的职位，让我能设计总督官邸，但我不想再干了。讨论完总督官邸的立面后，批准我离开这儿吧。"

他大吃一惊，问我："多西，你在说什么？发生了什么事儿？有人欺负你了？"他接着说："不论谁干的，我都要把他开除，告诉我是谁就行。"我回答说："不，请别这样。我不希望任何人因为我的原因不开心，我只想安静地离开。"

他问我有什么打算，我告诉他："也许我会去艾哈迈达巴德，听说负责那儿的柯布西耶项目的让－路易·韦莱（Jean-Louis Veret）再过几个星期就要去服兵役了。如果我去接手那边的项目，柯布西耶一定会很高兴，毕竟我在巴黎时参与过这些印度项目。"

一周后，我离开了昌迪加尔。我又一次丢掉了一份有保障的工作、一个非常显赫的项目。我又一次离开了一个像浦那、孟买、伦敦和巴黎那样舒适的城市，前往一个全新的地方，去认识全新的人。

从昌迪加尔出发后，我不知道艾哈迈达巴德会不会又是一个我中途停留的地方，还是会成为我最终的目的地。我告诉自己——至少这次——我去的是一个文化、食物和语言上不那么陌生的地方。

当然，后来很长一段时间里，我还经常在工程进行中回去看昌迪加尔的项目，柯布西耶也会来实地考察。他来昌迪加尔时，我总会专门去那儿，尽可能多地和他待在一起，给他看我的项目。

这些旅途中，给我印象最深的就是我和卡玛（Kamu）婚后不久的那次。

当我把卡玛介绍给他时，柯布西耶像个非常和蔼的古鲁："这么说，这位娇小的女士就是你的妻子了？祝贺你。"我们还没来得及说什么，他又说："在这儿等几分钟。"他去了他在皮埃尔·让纳雷家住的房间，他在昌迪加尔时都住在这儿。卡玛和我等待着，不知道等待我们的是什么。

过了一会儿，我们看见他拿着一大卷纸回来了。他走到我们跟前，把纸展开，露出一幅拼贴画，给我们看，那似乎是他最近刚完成的。

我不知道该说什么，他看我没反应，就说："你不喜欢吗？""这画儿挺好的，先生。可是……"我还是不知道到底是怎么回事，也不知道该说些什么。

当天晚上去普拉巴瓦尔卡尔家吃晚饭之前，先生来了，他又给我们带来一幅卷着的画："我希望，这次的画你们两个都会喜欢。"他说。我们打开画，一个信封掉在了地上，但我们忙着先看画。那是一幅美丽的彩色拼贴画，上面写着"祝福多西和他的妻子"，还有他的签名。

我们捡起信封，信是写给我们的。拆开后，我们在里面找到了5张100卢比的钞票，还有一个字条，写道：

多西夫人和多西：

这是一点润滑剂，来推动你们幸福婚姻生活的运转。我希望你们会有很多机会往对方的头上扔盘子。

你们的朋友
勒·柯布西耶

我们俩都不由自主地弯下腰，摸了摸他的脚。甚至在场的普拉巴瓦尔卡尔也觉得柯布西耶在所有的学生中特别看重我，而且这样说了出来。

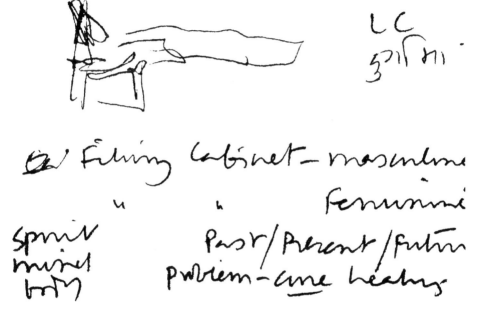

　　我想，在我们相识的这些年里，我一直享受着柯布西耶对我的喜爱，他做的事情会时不时地显示出这一点。我记得，有一次，我收到一个大包裹，那是另一份礼物，而且更加特别——限量版的《直角之诗》（Poem de la Angle Droit），"致杰出的建筑师和朋友，巴尔克里希纳·多西"，落款是"勒·柯布西耶"。

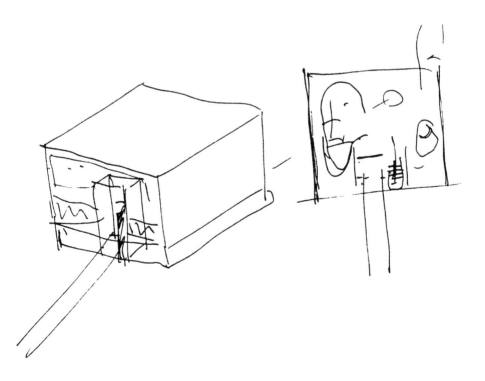

我接替让－路易·韦莱时，他已经在艾哈迈达巴德代表勒·柯布西耶工作了两年多了。现在轮到我了。韦莱非常善于和人打交道，也很善于适应新的地方和文化，因此深受众人喜爱。我的责任是维护并增加这一友善。

韦莱在离开之前，把我介绍给了曼诺拉马·萨拉巴伊（Manorama Sarabhai），我们正在设计他的家；还有 K. M. 坎塔瓦拉（K. M. Kantawala），他是艾哈迈达巴德市政公司（Ahmedabad Municipal Corporation）的总工程师，负责后来名为桑卡肯德尔的博物馆项目。他还向我介绍了艾哈迈达巴德棉纺织协会（Ahmedabad Textile Mill- Owners'Association, ATMA）的秘书哈里纳拉扬·阿查里亚（Harinarayan Acharya），我们为他设计了办公室；还有沙亚穆拜·肖特汉（Shyamubhai Shodhan），他把我们原本为苏罗坦·胡其信（Surottam Hutheesing）所做的设计买了下来，后来那栋房子被称为肖特汉别墅。

我又来到了一个陌生的城市，肩负着完成导师的工作并让他满意的职责，其中很多事情都让我想起刚到柯布西耶巴黎工作室的情形。

我常常想，为什么我会让自己陷入这样的境地？这会是最后一次吗？是什么给了我面对这些挑战的勇气？也许是因为我母亲一直在保佑着我？

一开始会有些困难，但我告诉自己要继续前进；最终，一切都会解决的。这里的人现在还不认识我，但一旦看到我的工作，就会欣赏我所做的事情，只要等待和观察就好。每当我们尝试新事物时，我们都会面临这样的情况，渐渐地，他们会看到其中的价值。

幸运的是，我从一开始就需要很大的勇气。当我接手工作时，ATMA 的承包商只做了一个山墙的样板就停工了。

苏罗坦·胡其信当时是 ATMA 的主席，他对山墙用毛面的德普尔石材（Dholpur stone）饰面不是很满意，因此希望纺织业主中最年长、最受尊敬的卡斯图尔拜·拉尔巴伊（Kasturbhai Lalbhai）作出最终决定。

我没有见过卡斯图尔拜，但我听说过他工作上非常自律、守时、高效，与人打交道和做决策时都很严肃认真。因此，我有点担心我们的会面将如何进行。然而，我也知道我必须捍卫建筑师的决策。毕竟我们是为这座建筑好。

第二天早上 9 点 30 分，我在 ATMA 大楼的办公室里见到了苏罗坦，旁边还有两个人，其中一个身材高大，仪表堂堂，穿着商人常穿的那种白色腰布的长袍，戴着白色的甘地帽。我猜那一定是卡斯图尔拜了。

走近后，那个高个子问我："多西，你不是古吉拉特人吗？"

"是，我是，但我从浦那来。"

"太好了，那我们就可以说古吉拉特语了，不过你说话确实带着马拉地（Marathi）口音。现在跟我说说，外墙饰面怎么了？"

我把他们带到准备好的样板前，对他们说："这是用毛面德普尔石做的样品，勒·柯布西耶先生希望用这个，这看起来很适合这个位置；当两边的墙都做好饰面后，毛面石材看起来就更好了。"

"还能选别的吗?"

"我不这么看，"我说，"周围的环境是萨巴尔马蒂河（Sabarmati River）干涸的河床，用这种颜色能提高空间的质量。"

"如果你觉得这个好，那就这么做吧。"他就这么走了，没再多说话。

他走了以后，苏罗坦惊讶极了："你怎么能这样对他说话？你知道他是谁吗？"

"不知道啊。"我回答。

于是他说："那就是卡斯图尔拜本人，他是纺织大亨，还是几个政府委员会和慈善组织的主席，也是我叔叔。"

阿查里亚也在场，他说："你知道，他雇了很多建筑师和承包商，在印度各地为几个机构建造了大型校园。"他也许是想表达，ATMA的建筑只是卡斯图尔拜项目中的一个，而我，只是一个无名小卒。

我的回答是，我把对建筑和建筑学来说正确的事情放在第一位，其他事情和其他人都没这个重要。

起初，在艾哈迈达巴德的每个人，听说有个从巴黎来的浦那的古吉拉特人用马拉地口音说古吉拉特语，都觉得挺有趣。

事实上，这是我第一次在建筑工地进行现场施工，而柯布西耶的建筑只能采用标准的施工技术。幸运的是，在韦莱的指导下，萨拉巴伊别墅已接近完成了，ATMA大楼和肖特汉别墅的大部分土建工作也完成了。我接手的时候，桑卡肯德尔博物馆的楼板也浇好了。

尽管我在办公室里画过很多节点详图，但还不确定自己是否有能力监督它们建成，所以我特别紧张，就像刚开始在巴黎的事务所工作那样。好在我了解古吉拉特邦，这是我的一大优势——虽然有点马拉地口音，但至少我可以跟建筑工人、承包商、工程师、客户沟通，解释我想要的细节。

慢慢地，我掌握了施工流程、现场管理，与承包商、工人和客户打成一片。如此一来，艾哈迈达巴德的生活也让我感到轻松自在多了，结识了许多著名的学者、教师、艺术家、商人和实业家。到后来，我觉得在艾哈迈达巴德比在巴黎，甚至浦那还要自在。

当初我离开昌迪加尔，决定搬到艾哈迈达巴德来监督柯布西耶在当地的项目时，我对未来或职业没有进一步的想法。我只是接受现实，相信事情总能解决的，目前也正是这样。

对于一个缺乏经验的年轻建筑师来说，开设事务所并不容易，作为一个局外人就更难了，需要有耐心，需要相信自己，还要随时准备挨饿，也要有人指导。尽管我一开始就尽力组织了一个志趣相投的小组，讨论有关艺术和建筑的问题，但还是感到孤独。这样过了大概一年，我就想离开艾哈迈达巴德，加入阿尔特·坎文德（Achyut Kanvinde）在德里的公司了。我刚从巴黎回来时和他短暂工作过，对他很了解，也很喜欢他的作品。

但我决定先和卡斯图尔拜谈谈，看看我能不能在艾哈迈达巴德开事务所。当我把想法告诉他时，他只问了一句："你一个月需要多少钱？"我说："大概 500 卢比吧。"他就说："如果我给你足够的工作，让你赚到那么多钱，你会留下来吗？""会。"我说。

我当时没有意识到这一点，但这段简短中肯的对话成了我人生中一个重要的转折点。卡斯图尔拜的邀请让我永远留在了这里，最终改变了我的职业生涯和个人生活。

结果，我在艾哈迈达巴德找到了我一生的挚爱卡玛，我们在这里建立了家庭，现在已是四世同堂。回首过往，我有时会想，这是不是我在巴黎设计肖特汉别墅时留下的一个隐藏部分，所以后来我要到艾哈迈达巴德来监督施工。我来解释一下这是怎么回事。

在巴黎那阵儿，当智利的埃米利奥·杜哈特离开工作室时，勒·柯布西耶没有把这个项目交给最开始做设计的梅索尼耶，而是给了我。我到艾哈迈达巴德后，在肖特汉别墅的工地遇到了普拉莫德·帕里克（Pramod Parikh），他是沙亚穆拜·肖特汉的朋友，同意专门生产柯布西耶选的特殊色调的油漆。

我们见了几次面，有一次还聊起在巴黎的生活。普拉莫德就问我是不是很怀念那些时光，如果是，可以找个时间和他一起吃顿饭。他补充说，他的妻子罗西（Rosy）是美国人，他们经常在家做西餐。

那时我一个人住，有朋友和我一起美餐一顿，这个想法很诱人。所以我接受了他的提议，几乎没有意识到这也将成为我生命中的一个转折点。就在这顿饭中，我第一次见到了卡玛，现在对于我来说，她是我的妻子卡玛。我们互有好感，后来就经常在肖特汉别墅的工地见面。后来的事情，就像他们说的，都是历史了。

然而，事情并不是一帆风顺的。我从巴黎回来，在浦那住的那几个星期，曾经答应哥嫂，想要结婚的时候会征求他们的意见，要他们同意才行，但这是不可能的。请记住，那是在 20 世纪 50 年代——一个比现在保守得多的时代，对于我们这个毗湿奴派信徒（Vaishnavite）的家庭来说，我和一个耆那教（Jain）女孩的婚姻是不可接受的。

就像我做过的其他大多数决定一样，我坚持了己见，这意味着我的家人抵制了我的婚姻。我的婚礼给我留下印象最深的一件事，是我从工地出来——当时我正在监督 ATMA 项目平台楼板施工，在一辆破烂的人力车上买了条便宜的纱丽——我那会儿只买得起这个，然后独自前往卡玛家参加婚礼。

没有婚礼中常见的场景——欢呼着的亲朋好友簇拥着我，我骑着一匹马，乐队在演奏流行歌曲。我们的婚礼成了一件私下里的事，就像是秘密举行的。好在，参加婚礼的宾客对我都很亲热。其中有莫塔拜一家、曼诺拉马·萨拉巴伊，还有奇努拜·奇曼拉尔（Chinubhai Chimanlal），他是卡斯图尔拜的外甥，后来成了艾哈迈达巴德的市长，以及东道主吉里什拜·德赛（Girishbhai Desai）和他的家人。

必须得说，要不是有卡玛，要不是有我对我们的信任，要不是有她家人的支持，我们是不可能结婚的。我的家人最终接受了我们，但那已经是多年以后的事了。

我仍然记得我的父亲维塔尔拜（Vithalbhai），在家庭和解后来看我们的情景，那已经是几年后了，他把所有人都吓了一跳，为庆祝我的成就，他准备了一个花环，跑到艾哈迈达巴德机场，在我从德里回来时给我戴上了。我很感动，这是我们多年后的第一次拥抱。

同样，正是在这座城市里，我成长为一名建筑师、一名教师，因为职业生涯中的乐趣和成功而感到心满意足。我确信，艾哈迈达巴德当时在整个印度都是一个特殊的城市，原因我将在后面的回忆中谈到。

必须得说，卡斯图尔拜·拉尔巴伊，还有后来的维克拉姆·萨拉巴伊博士，是我认识的最开明的客户。作为一名年轻的建筑师，能和他们一起工作，也是一种很有教育意义的经历。他们都强调要使用当地的材料和技术，设计要与当地的气候相结合。卡斯图尔拜还教给我商业道德和实践方法，还有他本人严格遵守的印度堪舆术经典——Vastu Shastra。维克拉姆·萨拉巴伊则经常提到科学、技术，以及它们与建筑、规划中的舒适条件的联系。

我从小就是在印度教的宗教仪式和习俗中长大的，而现在，我的姑丈、著名学者拉斯克拜·帕里克，更让我对印度教的宗教和精神层面有了成熟的理解。

他启发我了解古人的智慧和经文中蕴藏的知识，他激励我去寻找做每件事的永恒方式。我们会长时间地讨论 Vastu Shastra，还有印度教的传统和文化。

从他那里，我了解到亨钱德拉·阿查亚（Hemchandra Acharya）等学者，知道了印度河流域文化、印度的自由斗争、其他宗教、甘地的发展思想和印度自治（Swaraj）等很多东西。在为艾哈迈达巴德的 L. D. 印度学研究所设计建筑时，我也接触到几位耆那教的圣人，如 Punyavijayji、Jinvijayji、Pandit Sukhlalji 等。

我在英国和欧洲其他地方待过大约 5 年，已经学习了西方的思想和实践，而在艾哈迈达巴德的这几年，则是我第一次认真地了解印度。

必须得说，我很幸运能成为艾哈迈达巴德杰出学者中的一员，他们努力教育我了解自己文化的遗产。这段时间也让我了解了印度的各种艺术，以及它们对于更好地理解印度建筑的重要性。

我从曼诺拉马·萨拉巴伊和库穆迪尼·拉克亚（Kumudini Lakhia）那里学到了印度古典的舞蹈、节奏、音调和空间处理的细微差别；从 M. F. 侯赛因（M. F. Husain）、K. G. 苏布拉曼尼亚姆（K. G. Subramaniam）、N. S. 本德莱（N. S. Bendre）、尚科·乔杜里（Shankho Chaudhuri）、皮拉吉·萨嘎勒（Piraji Sagara）、杰拉姆·帕特尔（Jeram Patel）等人那里，了解到了当代视觉艺术的趋势。

在这里，我有机会遇到了当代印度最优秀的音乐家，如凯萨拜·科卡（Kesarbai Kerkar）、宾山·乔西（Bhimsen Joshi）和库玛·甘达瓦（Kumar Gandharva）、沙拉法特·侯赛因（Sharafat Hussain）、阿姆贾德·阿里（Amjad Ali）等人。

我还和古吉拉特邦戏剧和文学界的中坚力量，如苏杰生·桑达里（Jaishankar Sundari）、贾斯万特·塔迦尔（Jashwant Thakkar）和迪那本·帕沙克（Dinaben Pathak）一起度过了许多时光。

我还有幸遇到了其他学科的杰出人士，如福特基金会顾问、行为科学专家卡玛拉·乔杜里（Kamala Chaudhury）博士。

当然，就像我在本书前面所说的，这些事情大多是因为我渴望去学习，去提高和超越才实现的。

例如，在得到格雷厄姆奖学金要去美国前，我非常想了解印度的音乐传统，因为我觉得这是成为一名优秀的印度建筑师的必要条件。我想了解所有的知识，因为我认为自己会成为所有印度事物的使者。

好在有维克拉姆·萨拉巴伊的妹妹吉塔·萨拉巴伊（Gita Sarabhai），她人很好，专门给我上了关于印度古典音乐、印度音乐中拉格（ragas）和时间概念的课——如果可以把我们的讨论称为"课程"的话。这增加了我对古典音乐的兴趣，成为我毕生的爱好。

现在回顾这些，可以说，我学到了很多关于生活的东西，特别是关于印度生活方式的东西，有过去的，也有现在的。我一直努力把所有的知识整合起来，把我所学的知识融入一种对印度的整体认识中，无论是物质的、创造性的还是精神的世界。

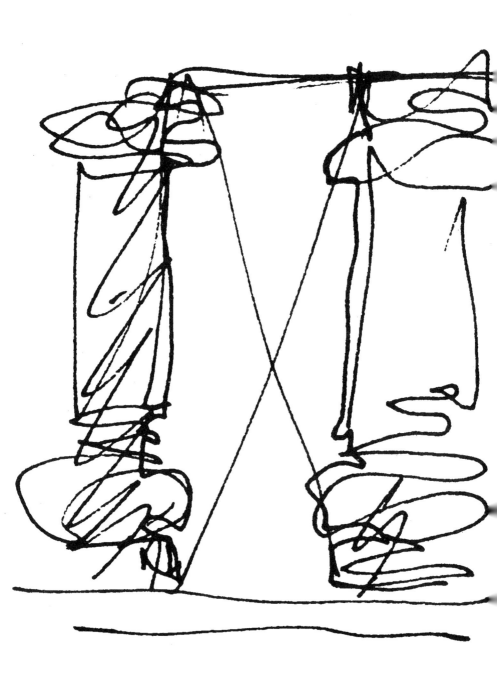

一个人不可能只是一个建筑师，我这样要求自己。我想成为经文中所描述的萨帕迪（sthapati）。备受尊敬的研究印度艺术的学者斯特拉·克拉姆利奇（Stella Kramrisch）曾对我说过："一个印度的萨帕迪必须是一个瑜伽修行者，这样才能感受到宇宙中每一种元素——包括空间的材料和使用者——的颤动。"

其中一部印度堪舆术经典（Vastu Shastras）名为《毗什努哈穆塔拉史诗》（Vishnudharmottara Purana），讲述了金刚王（King Vajra）和圣哲（Saint Markandeya）之间的交流，清晰地展示了所有的艺术，包括建筑、雕塑、绘画、舞蹈、音乐、诗歌等在我们的传统中是如何相互关联的。

对话源于国王想要创造一个神的形象，因此向圣哲求教。我第一次读到这段对话时就深受启发，至今仍很着迷，因此抄录如下：

金刚王：噢，无罪之人啊，我该如何造诸神之形态，以使依规所造的形象时刻显现（神性）？

圣哲：不知道绘画之规（*Chitra Sutram*）的人，永远也不会知道形象之规（*pratima laksanam*）。

金刚王：噢，神明中的圣人，给我讲讲什么是绘画之规吧，知道绘画之规的人，也会知道形象之规。

圣哲：如果不知道舞蹈之规，就很难领会绘画之规，因为，我的王啊，这两样都是在模仿（或是呈现）世界。

金刚王：那给我讲讲舞蹈之规，然后你就会讲到绘画之规了，因为两者依托共生，懂得舞蹈之规的人就会懂得绘画。

圣哲：不熟悉器乐①的人很难理解舞蹈，没有它就没有舞蹈。

金刚王：噢，律法的知者，那就说说器乐，然后你就会说到舞蹈之规，您是优秀的巴尔加瓦（Bhargava），如果一个人能够正确理解器乐，就能理解舞蹈。

圣哲：噢，阿丘特（Achyut）啊，不懂声乐，就不可能知道器乐。凡是知道声乐之规，就能知晓一切。

金刚王：那给我讲讲声乐之规，您是最懂律法的人，因为谁知道声乐之规，谁就知晓一切。

圣哲：声乐包含两方面，有梵语的，有古印度语的，还有第三种，阿帕布拉姆萨（Apabhramsa）的，而且是无限的。

国王啊，方言多种多样，世人无法穷尽。声乐被认为是朗诵的主题，朗诵又有两种形式，散文和诗歌。

律法的知者啊，散文存在于交谈之中，而诗歌则存在于韵律之中。韵律又是如此多种多样。

然后，圣哲就讲述了形象塑造的整个过程。

---

① *atodya*，印地语乐器之意。——译者注

建筑师是这样一种人，他的记忆、联想和经历支配着他的生活。无论他看到了什么，想到什么，还是要承担什么使命，这些东西都会混杂在一起，像个大杂烩（smorgasbord）。由此，他需要一个漫长的过程来过滤，随后用一段时间放弃和添加，让总体框架呈现出来。一个建筑是由记忆、联想、声音、形式、空间和图像，以及许许多多相关或不相关的际遇共同创造出来的。通过这些，他重建了自己的形象，与周围的世界产生联系。

　　简而言之，借用毛泽东的说法，建筑不是请客吃饭，不是做文章，不是绘画绣花，不能那样雅致，那样从容不迫，文质彬彬。建筑是适度的，是善良、和蔼、谦逊、节制而宽宏大量的，要把社会各阶层都结合起来。

所以，得到格雷厄姆奖学金后，我在一些当时最优秀的学者的帮助下了解印度。如果再看看那封信[①]送到我这里所经历的漫长而曲折的旅程，又能再次证明我的道路是由多么强有力的未知力量引导着的。

格雷厄姆基金会没有我确切的地址，这封信一寄到艾哈迈达巴德，就被转到我在 ATMA 工地的办公室，又从那儿转到我在沙拉达社区（Sharada Society）的家。但当时我住在姐夫普拉莫德·帕里克（Pramod Parikh）家里，因为卡玛刚刚生下我们的大女儿泰加尔（Tejal），按照习俗，要住在他们家。所以这封信又被转送到了普拉莫德家里。

---

① 指前文提到的格雷厄姆基金会邀请多西申请奖学金的来信。——译者注

这趟1958年的芝加哥之行很有教育意义，因为那是我第一次去美国。我见到了路德维希·密斯·凡·德·罗、乔斯·卢斯塞特、查尔斯·伊姆斯（Charles Eames）和弗雷德里克·基斯勒（Frederick Kiesler）等建筑界精英，参观了他们的许多作品。除此之外，还有不少名人，比如西班牙雕刻家爱德华多·奇里达（Eduardo Chillida）、美国画家何塞·格雷罗（José Guerrero）、日本建筑师槙文彦、古巴艺术家林飞龙（Wifredo Lam）等，他们当时和我们的同行一样享有盛誉。

这次旅行也让我接触到了一个新技术的世界，以及从技术中衍生出来的美学，更不会忘记人与人之间的巨大流动性，美国的整个社会好像都处于移动之中，这至今仍是它的一大特点。

访学期间，我还见到了埃罗·沙里宁（Eero Saarinen），他是多伦多市政厅的评审团成员。讲到我的竞赛方案，他很快就画出了我和坪井善胜（Yoshikatsu Tsuboi）博士做的椭圆形斜塔方案的草图。他很欣赏那个交叉网格结构系统，但觉得主入口位置放得不好。"你们就是因为这个才输的。"他说。

我从美国出发，经西海岸和夏威夷的热带岛屿到了日本。一路的经历都很有教育意义，这里的人、这个地方，还有他们独特的建筑表达方式都是那么的不一样。

我觉得，在日本的这四个月是我人生中最不寻常的一段经历。只是随处走走，就能感觉到这里的一切都那么与众不同，令人着迷：食物、服装、礼仪、风俗，还有他们的工作文化，对精确的痴迷，创新，最后还有他们的骄傲。

日本的建筑，无论是传统的还是现代的，都是一种启示。特别有趣的是佛教如何影响了他们的建筑、生活方式以及他们对自然的看法。

从印度教到耆那教，最后到佛教，我现在可以开始理解这一宗教思想的演变了，这是一个迷人的旅程，从爱（*shringar*）或富裕到苦修禁欲，最后到练习冥想！

在日本的四个月里，我和坪井教授一起完成了普雷玛拜会堂（Premabhai Hall）的建筑和结构图纸，还遇到了几乎所有后来成为国际知名建筑师的人，会见了新陈代谢派的成员，其中包括槇文彦、丹下健三、坪井善胜、青木茂、菊竹清训、柳宗理等人。

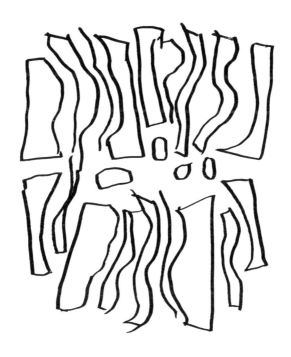

尽管日本建筑师受过现代主义大师的训练，仍然很好地表达了自己独特的探索，他们的设计融合了西方和东方。这些早期设计，即便是用混凝土建造的，也能让人联想到他们木建筑的传统，慢慢地展现了他们自己独有的风格。

对我来说，这提出了一个问题：印度人应该以何种方式寻求这样的建筑？这从根本上说是一个合理的问题吗？我们如何成为我们自己？从 1960 年到 1980 年，我在日本参加了几次会议，每次我都向遇到的建筑师提出这个问题。即使到了今天，我也一直在思考，建筑的特性中，哪些是本土性的，哪些是全球性的。

我所做的印度学研究所的设计，经过多次反复研究，获得了一个印度建筑的应有理念。人们在印度建筑中能找到的所有元素，这里都有。做这个设计之前，我研究过耆那教的 *upashraya*，即僧人住所。我也在城中拜会了几位耆那教圣人，去理解这类传统建筑。

我了解到，这类建筑应该有一个高基座；而建筑本身的高度不应超过两层，上层要环绕通长的阳台。我毫不犹豫地让这些元素来决定我的设计。

我必须要补充一下我一直关心的两件事，一是要有台基、游廊等传统建筑的特点，二是要节能。由于这座建筑是用来存放脆弱的古代手稿的，所以要最大限度地利用间接采光，保持恒温，控制湿度。

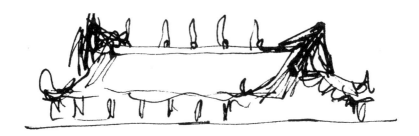

　　我的日本之行，以及那些给我留下深刻印象的建筑，确实在此起了作用。我肯定受到了丹下健三的仓敷市政厅的影响，我特别关注其中对服务功能的整合和用混凝土表达传统建筑的方面。

　　如果说我来艾哈迈达巴德驻场监管柯布西耶项目的施工，让我得以接触到现场实施的环节，那么同时还有一件让人高兴的事，让我得以理解并欣赏有创造力的结构工程师能在建筑中扮演什么样的角色。

1957 年，丹下健三在结构工程师坪井善胜教授的陪同下到访艾哈迈达巴德，专程参观了柯布西耶的建筑。参观时，丹下谈到了他与坪井善胜在东京奥林匹克体育馆项目中的合作，他还特别强调如何做能使最终的设计大为丰富。

我安排他们与卡斯图尔拜会面，他欣然邀请坪井为他公司旗下的 Arvind 纺织厂设计厂房。当时我正在设计普雷玛拜会堂，这座建筑位于老艾哈迈达巴德历史悠久的巴德拉城堡（Bhadra citadel）的前面。我就顺便问坪井愿不愿意做大厅的结构设计，他也同意了。

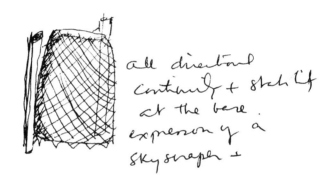

在我们共同努力的同时，我还决定参加多伦多市政厅设计的国际竞赛。

应我的要求，坪井教授同意帮助我做多伦多市政厅的结构设计。很幸运，我们的设计在国际竞赛中得到第 15 名。结构的概念是基于轻型的哑铃状藤条结构形成的，可以作为商贩的摊位使用。

我们花了三周时间一起做多伦多项目，这次深化设计的合作让我以一种新的方式看待建筑和结构系统之间的关系。这是我第一次与工程师如此密切地合作，坪井的概念和想法改变了我对建筑和结构的理解。我相信这是我一生中最有创造力的时期，至少，每当我看到我们当时准备的图纸和模型时，我都是这么想的。

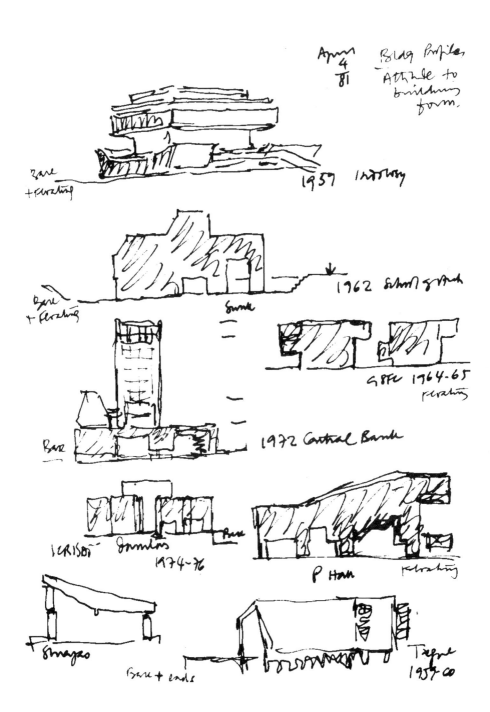

April 4 81 Bldg Profiles
"Attitude to buildings form.

Base + floating

1957 Ingalls

Base + floating

1962 School growth

Base

1972 Central Bank

SBFC 1964-65 floating

LCRISOO Jamules 1974-76 Base

P Hall floating

+ 8mayas

Base + ends

Teque 1957-60

坪井要返回东京的那天，我们在他住的卡马酒店（Cama Hotel）吃早餐。ATMA 大楼就在河的对面，我们可以从卡马酒店的用餐区，透过柔和的晨光欣赏它美妙的东立面。坪井看着它，问我："多西，来参观 ATMA 的人多吗？"我说："多啊，经常有游客来参观，不仅有来自各地的建筑师，还有设计师、艺术家，各种各样的人；它就像人们朝圣的圣地。"

于是他说道："多西，永远要牢记历史和历史建筑。举个例子，日本的伊势神宫（Ise Grand Shrine）很小，也非常老，有几百年了，但日本人很崇敬它。对我们来说，它是人与自然完全融合的例证，这座神宫是我们衡量伟大建筑的标准，它是完美的象征，不在乎大小，而在乎质量。"

不久后，我去巴黎，见到柯布西耶时，给他看了我们做的普雷玛拜会堂的设计，主要是我们当时正在做的部分的模型照片，画面上是一个蛋壳状的建筑悬挂于半空中。他看着照片说：

"老天，你觉得你做得出来吗？"

"我正试着设计它，再把它造出来。"

"好啊，我就想不到这个。"

到现在，我不知道他是真的这么想，还是在讽刺我那个雄心勃勃的方案。也许那真的是雄心勃勃，可能过于大胆的提案。尽管如此，我当时还是很有信心的。这只是我职业生涯的开始，但我已经有了一些最好的机会，也获得了世界的认可。

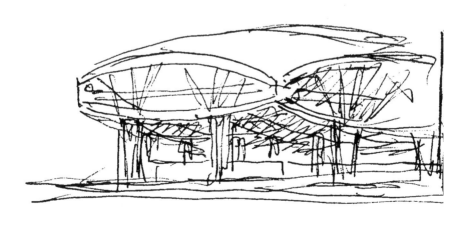

例如，在为格雷厄姆奖学金写的论文中，我谈到了实现人居思想应采用多学科、多层次的方法。我已经参与了国际教学任务，见到了国际上的建筑师，准备了很多东西。正是从这个时候起，我开始满怀信心，准备获得独立的身份了。那么我为什么不尝试一些大胆的东西呢？

一方面，我开始了解印度，了解它丰富的光影、色调等错综复杂之处，不光有建筑，还有社会、文化和艺术等方面。而转天之间，我就可能身处美国，拜会菲利普·约翰逊、路易斯·康、巴克敏斯特·富勒、埃罗·沙里宁、山崎实、保罗·鲁道夫和弗兰克·盖里等人。我也可以在欧洲和英国见到吉安·卡洛·德·卡洛（Gian Carlo De Carlo）、彼得·史密森（Peter Smithson）、阿尔多·凡·艾克（Aldo van Eyck）、赫曼·赫茨伯格（Herman Hertzberger）、雅各布·巴克马（Jacob Bakema）和詹姆斯·斯特林（James Stirling）。

我在国外交往的这些建筑师和设计师，大部分都曾经去过艾哈迈达巴德，他们通过参观了解我们的工作环境，分享他们的见解。我记得斯特林来访时，我们的办公室正在完成一个项目，处于非常忙碌的状态。他说，总能忙着是件好事，但随后又很得体地说了说闲暇时段的价值。他说，他把自己最好的作品归功于反思做了什么和需要做什么，反思期让他重新发现自己，改进工作。

　　如果说我的生活是很多线织成的布，这些经历就是其中的主线。我的生活之布，现在已经有几百层了，那是从东方和西方所有经验中提炼出来的。我不知道现在哪一方占据的比例更多，但我知道有很多次，其中一方明显多于另一方。这就是为什么我喜欢说，我的生活有很多层次，这些层次不可避免地找到了自己的方式和自己的表现，也全都体现在我的项目之中。

然而，如果我必须选择其中一个项目来表达这些复杂的层次和它们之间的相互作用，我会选择桑珈（Sangath），虽然后来我还做了许多不同规模和功能的建筑。但我相信，我曾居住过的多个世界的景象和经历在桑珈得以融合。**在我的母语古吉拉特语中，**_sangath_ **的意思是"一起行动"。**

桑珈的定位，是一个鼓励与建筑和规划相关的精细技术艺术领域活动的机构。多年来，这里容纳了教学课程、学术研讨等附加活动，还有一个专业的建筑师事务所和一间 Vastu-Shilpa 基金会的办公室。

桑珈多样的体验及其层次，来自我对生命和相关事物的理解。我总是被那些基因突变的建筑所吸引，这种突变来自其建造的规则。

这就是桑珈如此与众不同，甚至独一无二的原因。我想，正因为这点，才让每个人都喜欢它。在桑珈，几乎没有任何东西可以与任何其他地方的建筑相比，这让它能提供一个非常令人难忘的体验。

久而久之，我养成了一种习惯，把在不同的环境中转瞬即逝的体验加以分门别类，以便更为清晰地理解其中真正的含义。这样，我才能找到自己的另一半，我真正栖息的地方，尽管其中不断产生各种各样的困难，有时甚至让人倍感挫折。好在找到主线之后，我就能够将各个层次分开，产生新的理解，也激励我继续前进。所以，我不能说这种或是那种生活就是更好的生活。

我意识到另一个自我，

不断制造困难

和挫折，

赐予它机会吧，

那些未知的

会驱动我去做。

你不能说，这个，或是这个，或是这个，

是更好的生活，

在任何时候，要是你认为它是正确的，

就抓住它，拥有它。

但下一次，你一定要问这个问题，

有更好的方法吗？

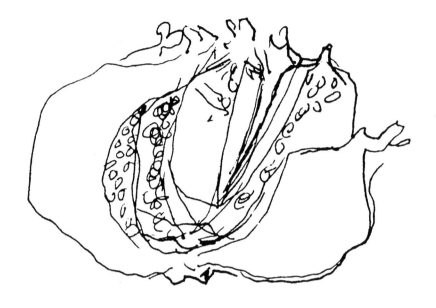

　　我不是为了特殊而特殊的，在桑珈更不是。我总是自问："怎么才能做出从未见过的东西？"我常常会发现自己把自己关到外面了，封闭起来了。但那种时候，我会恨自己。我知道自己的能力就这样了，已经达到极限，不能再多了。如果到时候我失败了，那就这样吧，我确实失败了。

　　对我来说，在工作中，努力做得更好是最重要的。寻找如何不断地与我的栖居之处保持联系，面对过去、现在或未来发生的那些撕扯我内心的矛盾，并找到合适的、具有开创性的解决方案，正是我所热爱的挑战。

　　我也知道，我的项目总有或多或少的失败。比如我在 1960 年到 1980 年之间设计的自宅和它的扩建，是我自己很喜欢的，但我相信，如果能再重新设计一次，我还是会做一些改进的。

我会根据新的知识，重新思考已有的信仰和价值观，这是一个持续的过程。可能是一个项目，可能是做一些我正在关注的事情。我会每天用日记、笔记和自我评估的工具提醒自己还有许多东西要学，也会让自己记得自己的优点和缺点。

　　每当我不知道下一步该做什么的时候，特别是正在尝试新事物时，我就会不断地鞭策自己，因为我知道它最终会成功的。

没有什么罪比因循守旧更严重

试着做你自己，试着做新的

如果你试了，就不会有不可能的解决方法

　　有时，在巴黎做出的决定需要很长时间才能实现，这的确成了个问题。在这段时间里，我就会开始担心，甚至害怕失败和感到沮丧，但我就是这样。

　我会花很多时间做项目设计，工作方法常常事倍功半。但我好像跟中了咒似的，一门心思地做。我会挣扎，想要试试相反的主意，有时候就是自己跟自己绕圈子，但到了一定时候，所有的圈子都变成了一条螺旋上升的轨迹，汇聚到一个点上，然后有一天，一扇门打开了，通向一个意想不到的方案。

　更多的时候，最初的反应受到最近所见事物的影响，但除非我把见到的东西和我确定的最根本的方案放在一起，否则它不会变成它应该变成的样子。为了找到一个新的答案、一个新的形象，我必须同时抓住旧的（相关的）和新的（瞬间的）。在这种情况下，我好像总是在用那种小时候常见的吸墨纸，游历时光，从纸上吸收的各种颜色里挑出那份独特的铜绿色。

我还清楚地记得，有一天，柯布西耶临摹了一幅绘有奎师那神（Krishna，即克里希纳）和茹阿达神（Radha，即拉达）的细密画。画面上，他们缠绕在一起，吹着笛子，跳着舞，仿佛成为一体。这样独特的理念表达了独一无二的存在，但又是双重的，这就是终极现实，其中的两者没有区别，是一个强大的整体。

后来，他给我看修改过的版本，勒·柯布西耶版，我明白了他说的"仔细观察"是什么意思，那不仅仅是"观察"。对他来说，创造是一种寻觅，有很高的要求，又要很有耐心。

多年以后，皮拉吉·萨加拉送给我一个有着相似含义的礼物，他在玻璃上描绘了奎师那和茹阿达在一起的形象。我把它挂在餐桌旁，巧妙地提醒自己，二元性和统一性之间的区别。

柯布西耶就像他的朋友费尔南德·莱热（Ferdinand Leger）、巴勃罗·毕加索、胡安·格里斯[①]等人那样，总是在寻找。他们总是挑选周围最不寻常的图像或物体。然后他们开始用自己的方式复制和修改，加入他们的个人理解，逐渐生成一个很不一样的版本、一个意想不到的转变。

---

① Juan Gris，此处英文原书将Juan误写为Jean。——译者注

这让我想起在柯布西耶事务所时，有一天，柯布西耶来到桑帕的图桌前，看他给昌迪加尔的秘书处办公楼做的立面研究。当时总工程师 P. L. 瓦尔马提出，要给部长办公室外面做的大悬挑再加些支撑。

桑帕觉得很难找到一个令人满意的解决办法。柯布西耶仔细看了看他画的分析研究，跟桑帕和泽纳基斯谈了谈，然后在立面上画了所有需要的柱子。他把早期设计的立面与新加的支撑结合到了一起，然后指着草图说："这就是解决方案。"目睹这一幕很有教益，帮助我能够快速地想出新点子，处理各种情况和需求。

他画图的方式，还有把老的、新的重叠在一起的方式真的很神奇，我们现在称之为"创造性思维"（out-of-the-box thinking）。至今那依然是当代建筑史上最不落俗套、最受推崇的立面之一。

他做的胡其信住宅设计最终被沙亚穆拜·肖特汉买下了，换了个基地，就建在我姑丈家附近，精彩程度不减，仍然体现了他超常的感知和观察能力。房子原本是为苏罗坦·胡其信这个有钱、爱开派对的单身汉设计的。柯布西耶研究了这些活动空间的特征，然后从一个立方体开始，逐渐挖空，留下一组好玩的立面和若干露台。他觉得，这些做法，能让那幅细密画所描绘的真正存在于我们这个时代里。

different planes.

我管这叫柯布西耶的"特技"（acrobatic abilities），他在画板前工作总是经验最丰富的。他有时甚至会先放下一些服务设施甚至功能，让平面逐渐显现出来，但这时不会加入前面故意省略的基本要素。随后，他再做叠加，生成一个新的平面，并由此以新的视角获得新的发现。对我来说，就是需要先忽略一些既有现实，去找新的方法做事，找到新的解决方案。

前面提到过，能在艾哈迈达巴德安家，我觉得很幸运。这个地方确实有一些不一样的地方。历史上，从1411年艾哈迈德·沙阿（Ahmed Shah）创建这座城市开始，艾哈迈达巴德就一直欢迎各个领域的杰出成就，出于某些原因，建筑师在其中获益最多。无论是在中世纪还是现代，许多建筑师都在这里找到了机会，这是一座鼓励试验和创新的城市。

正因为如此，艾哈迈达巴德拥有了历史上独一无二的伊斯兰教—印度教建筑，以及柯布西耶和康等国际大师的作品。这与当地长期存在的资助习惯很有关系，这也与它作为"印度曼彻斯特"的地位有很大关系，圣雄甘地也排除种种不利因素，把这里作为他领导独立运动的基地。

后来，他正是从这里的萨巴尔马蒂道场（Sabarmati Ashram）出发，与沙拉金尼·奈都（Sarojini Naidu）、萨达尔·帕特尔（Sardar Patel）、贾瓦哈拉尔·尼赫鲁（Jawaharlal Nehru）、毛拉·阿扎德（Maulana Azad）及其他坚定的追随者一起，发起了具有里程碑意义的丹迪游行（Dandi March）——这件事常常被拿来和

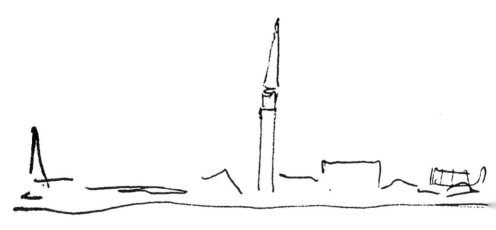

释迦牟尼佛从宫廷出走（*Mahabhinishkraman*）相类比。所有这些人的到来，以及他们和当地居民的来往，极大地塑造了艾哈迈达巴德的特点，还有，别忘了萨达尔·帕特尔还担任过这座城市的市长。

这座城市也是卡斯图尔拜·拉尔巴伊和维克拉姆·萨拉巴伊等人的家园，他们是当时国内主要的工业家族，他们掌管着当地的行会，建立了工业帝国，还有由慈善机构、教育机构和研究机构组成的广泛的社会网络。

卡斯图尔拜以他的远见、正直和守时而闻名。他的个人生活很节俭，但在社会服务方面却很慷慨。对他来说，所有的资产都属于社会，他只是一个受托人——这是非常甘地式的想法。

维克拉姆·安巴拉·萨拉巴伊也是这样。他们一起筹备在艾哈迈达巴德建立印度管理学院（Indian Institute of Management）和国家设计学院（National Institute of Design），甚至连现在隶属于 CEPT 大学的艾哈迈达巴德建筑学院的建立，也要归功于卡斯图尔拜和他领导的艾哈迈达巴德教育协会（Ahmedabad Education Society）。

如果还需要一个理由来赞美这座城市领导者的才能，还可以说一下柯布西耶在这里的四个项目。它们都是同一天中，应同一个家族——卡斯图尔拜·拉尔巴伊家族的要求建造的。其中包括三处住宅：第一处给了我前面提到的奇努拜·奇曼拉尔，第二处给了卡斯图尔拜的另一个外甥苏罗坦·胡其信，第三处给了他的侄女曼诺拉马·萨拉巴伊，她嫁到了萨拉巴伊家。还有一处则是艾哈迈达巴德市的博物馆，而奇努拜·奇曼拉尔正是艾哈迈达巴德市的市长。

　　他们都是走在时代前列的，支持各个领域的新趋势，也都是欣赏艺术的内行。

　　我必须得说，无论是作为建筑师或仅仅作为个人，能和他们一起从事这么多活动，让我受益匪浅。我把卡斯图尔拜视为我的首席导师（如果我可以这样称呼他的话），去阿尔温德纺织厂办公室和他的住处拜访时，我能够看到他是怎样工作的，这让我学到了很多慈善、教育和社会服务的知识。他总是为了满足社区的需要而付出时间、金钱，提供建议。他成长于传统之中，但有很现代的态度，总是欢迎新的做法。

即便如此，他对于个人生活和商业都很小心谨慎。人们经常发现他在天气不太热的时候就关掉电扇省电。

他喜欢最好的，但也保准不会浪费金钱和资源。比如，以前盖房子时，人们会在施工现场看到卡斯图尔拜清点运来的材料，检查质量和数目。这也是他制定工作规则的方式，让他的团队能够按照固定规则执行。

要是有人向他提出办一个新的教育机构，而他也感兴趣，他就会说："你筹备一半所需资金，剩下的我们来出。"他也经常说："我们要吸引最好的老师，建立伟大的机构，为他们提供我们力所能及的最好的建筑。"

正是出于这一点，我们在 1962 年打算创立建筑学院时找到了卡斯图尔拜。后来，也正是卡斯图尔拜接受了我的建议，邀请路易斯·康为艾哈迈达巴德设计了印度管理学院。

我第一次见到康是在 1960 年，当时李欧·李奥尼的儿子曼尼·里奥尼（Manny Lionni）和我一起去看康在费城做的理查德医学研究中心。然后，我们去康在城里的工作室见他。到了工作室，我先问接待员能不能安排我们见康一面，也提到我曾和柯布西耶一起工作过——我想可能是这句话在短时间内吸引注意，促成了会面！

很快，我们看见了卢[①]从工作室走了出来。一阵寒暄后，他带我们进工作室，展示他当时正在设计的萨尔克生物研究所（Salk Institute）的模型和照片。

我踌躇着，还是给他看了我做的艾哈迈达巴德纺织业研究协会（Ahmedabad Textile Industries Research Association, ATIRA）的图片，还有当时正在造的自宅的平面图和模型照片。

看着我自宅的照片，他就问："你是怎么想到用这个做法的？是什么让你做了一个交叉的平面，交叉里面还有高的、低的不同体量？"然后，他又拿出为罗安达（Luanda）大使馆做的方案。"和我这个设计的想法很相似，"他说，"被服务空间（master space）和服务空间（servant space）。"后来，我常想，也许正是这个巧合，极大地促进了我们之间的友谊。

[①] Lou，路易斯·康名字的简称，熟悉的人一般如此称呼他。——译者注

和他说话让我有点讶异。我从来没有遇到过这么谦虚、友好、鼓舞人心的人，这是一次令人难忘的会面。我们正要离开时，他请我们一起吃晚饭。我后来才知道，他向秘书借了些钱来支付那顿晚餐，这可真像他。第一次见面后，我就经常见到卢了，直到 1974 年他去世，特别是 1961 年至 1980 年我在宾夕法尼亚大学教书期间，我们每次都要见面。

我们的交往，促使我向卡斯图尔拜和维克拉姆·萨拉巴伊推荐卢承担艾哈迈达巴德印度管理学院项目的设计。那是在一次会议上，我向他们两人提出这个建议，卡斯图尔拜就问了我一句："那你会选他来做你自己的项目吗？"我告诉他我会的，事情于是就这么定了。

我渴望看到继昌迪加尔之后，印度能够再拥有一个开创性的项目，而不是让我自己来做这个项目。最终，出于项目实施的需要，我同意出任康在当地的协作建筑师。

这些年来，我与卢的交往越来越深。卢是我的同事，我的精神导师，我们家亲密的朋友。卢从气质上看是一个教友派[①]教徒，他信奉简朴的生活，只要达到最低生活标准就行了。

他总是会问一些非常基本的问题，有关生活和工作行为的，然后根据他找到的答案来做决定，就像他那非常著名的问题："砖想要成为什么？"

---

① Quaker，音译为贵格派，认为人与人之间要像兄弟一样，主张和平和宗教自由。
　　——译者注

在我看来，康对这个项目非常投入，深度参与其中。事情总是来得很突然，一天，我接到他的电话："我明天就要到孟买了，请订一张从那里去艾哈迈达巴德的机票。"午饭前后，他到了艾哈迈达巴德。我们一起去见了卡斯图尔拜，简单看了看印度管理学院的基地，然后他很平静地对我说："多西，我今晚就得走，帮我再订一张去孟买的火车票或飞机票吧，星期一我必须到宾夕法尼亚大学上课。"

我有点震惊，但后来得知他是从特拉维夫过来的，接着要回美国。我猜他应该一直想着这个项目，既然来了周边区域，就想过来看看校园建得怎么样了；然而，他又不想错过和心爱的学生们见面的机会。这一次，就连卡斯图尔拜听到事情的来龙去脉，都说不出话来了！

康喜欢和学生们在一起，喜欢给他们讲故事，甚至是那些《一千零一夜》里的故事，他是一个伟大的老师。有一次，我去他的课上，看到他正在审视一个学生的设计，那个项目做得相当糟。然而，令所有人惊讶的是，康把注意力集中到了楼梯区域，他慢慢地解释着这个楼梯的优点、行动路线，想象一位老者带着他的孙子拾阶而上，还有视野、栏杆、平台上的座位，以及楼顶的正式感。他那富有说服力的探索刚一停下，在场的人就一致认为这个学生做得很好。

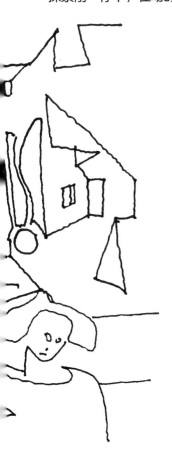

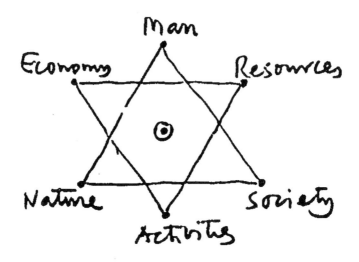

有一次，正赶上我和他在一起的时候，他刚在纽约开完一个重要的个人委托业务的会。他对我说："我今天被埃罗·沙里宁拷问了。他问我在一栋建筑里会运用多少种颜色，我告诉他，大概有两种，黑的和灰的，然后问了他同样的问题。他的回答是，'只有一个，我在中央广播公司（Central Broadcasting Corporation）大楼试过了'。"

卢是一个非常注重隐私的人，但对我和我的家人来说，他的家总是开放的，我们可能是少数几个能经常光顾他家的幸运儿。而在艾哈迈达巴德我们的家里，康也能像自己人一样随意出入。

有时，我们最小的女儿玛尼莎（Maneesha）在画画，他就会耐心地坐到旁边，温柔地提出一些建议。他总能带来鼓励和快乐。

有一次，卢和我出去给他的妻子埃斯特（Esther）买礼物。他拒绝了几十条披肩，之后选了一条，然后问卖家，有没有一条类似的，但刺绣更少更精的。又找了很久，他终于找到了，然后说道："极简主义表达了真正的本质。"他常说："做到极致，如果什么都不剩了，你就会看到什么是存在。"这是真正的禅。

　　尽管维克拉姆·萨拉巴伊是一位企业家，他也为印度的科学和技术付出了很多。他深度参与的印度空间应用项目，通过卫星通信技术推动了乡村地区的发展。

　　尽管他工作很忙，但总是很友好，任何人都可以没有障碍地见到他，他留出时间来接待，让每个访客都感到自己很重要。在我的职业生涯初期，他的鼓励和支持极大地帮助了我，那时我正受委托做纺织业研究协会和艾哈迈达巴德的物理研究实验室（Physical Research Laboratory）。

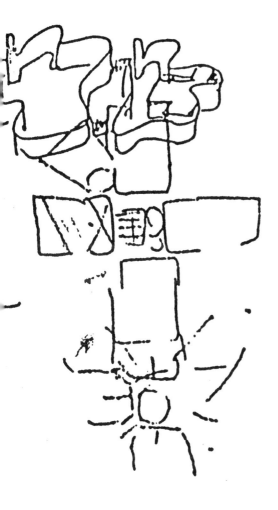

　　我们和他们家只因为一个特别私人的原因有过小麻烦。那次，我们邀请维克拉姆·萨拉巴伊、他的妻子姆里纳利尼（Mrinalini），还有他们的女儿玛丽卡（Mallika）一起吃午饭。我的大女儿泰加尔当时两岁，看到她，姆里纳利尼就说："维克拉姆，我们应该把刚出生的暹罗猫崽儿送给泰加尔，她会喜欢和小猫一起玩的。"这听上去是个好主意。

那天下午晚些时候，他们就用车送来两只漂亮的棕色暹罗小猫，眼睛蓝蓝的，非常可爱，但刚把猫从篮子里拿出来，它们就开始哭，我们试了很多办法，但没法儿让小猫的哭声停下来。

　　我们觉得猫可能是饿了，把牛奶倒在碟子里递过去。可它们不喝，只是哭，我岳母芭（Ba）、卡玛和泰加尔就都慌了。

　　最后，我只得打电话向姆里纳利尼求助。她说："别给牛奶，它们只吃肉。"这下，我真不知道该怎么办了，芭是严格的耆那教信徒，家里甚至不允许有土豆、洋葱这样的蔬菜。

　　我犹豫再三，还是告诉了芭我们要做什么。她想了想，说："那好吧，让我们的仆人到市场上买点儿肉回来，在房子外面喂，别带进来。"然而，即使这么做也没用，这天晚上我们所有人都觉得糟透了。

　　到了早上，我们决定把小猫放回篮子里，去找姆里纳利尼，把猫还了回去。直到现在我们也会想，当时做什么能留住它们？很可能小猫只是想回到它们出生的地方，它们觉得那儿才它们的家吧。

从各种角度来说，纺织业研究协会宿舍的设计都是我接到的第一个主要任务。我不知道从哪里开始，如何开始。因此，我决定做一些我知道的事情，测试一些我从柯布西耶那里学到的想法。我选择用砖承重，用砖砌的拱形成屋顶。我认为这是一个适宜的方法，因为那个时候，水泥和钢材都很短缺，而且拱顶的空间会显得比其他普通房子更开阔。

不幸的是，为了省钱，我没有加横向拉杆，第一个拱顶倒塌了。所有人都觉得这件事很严重，吓得要死，我倒还好，因为我知道问题出在哪儿。尽管如此，维克拉姆·萨拉巴伊还是被叫来了，商量下一步计划。我向他解释了拉杆的必要性和成本，他只说了一句："没有回头路了。我们的任务是找到一个合适的解决方法，按照应该的做法改正、重做。"这话很鼓舞人心。

我的设计不能比当时的同类建筑造价更高。因此，我提出用简单的水泥楼板，当地称之为"印度专利石"（Indian Patent Stone），还要用铝质的竖向百叶。我设计了一个极简主义的房子，利用滑动门，最大限度地让功能多样化。但教职员工都很愤怒，不愿意搬到这些看起来像铁路工棚的房子里去，他们极尽所能给房子挑毛病。而最后，随着时间的推移，他们终于称赞这房子很宽敞了。

康看到这些房子时说："当形式的本质被随心所欲地表达出来，建筑就发生了。"说得真好，也只有他能说得这么好。

另一个项目，是为所谓"IV 级员工"建造的低造价住房，现在被称为艾哈迈达巴德劳工宿舍（Peons' Quarters）。用一种圆锥形的古纳（guna）管相互交叠成拱，再组成拱顶，就像努比亚人（Nubian）的拱顶那样。古纳是一种圆锥形的陶筒，在旋转的圆盘上制成，把它切成两半，就成了两片瓦，印度大部分地区传统的乡村房屋都用它造屋顶。

我们则保留其圆锥的形体，让中空部分为拱顶提供良好的隔热作用，这样在印度的炎夏，屋里会凉爽一些。因为是锥形的，很容易插在一起，适当调整就能形成拱形，很方便做成拱顶。

然而，第一个拱顶刚造完，拆掉支撑时，它就倒塌了。当地烧的古纳太脆弱了，不足以承受荷载。随后，我改用普通的砖来建造拱顶。我很想采用中空的拱顶，起到隔热的作用，但直到多年后的桑珈才得以实现。

居住区的组团规划就像个村庄，小型社区空间随机分布。后来我陪同阿尔多·凡·艾克参观时，他说这是"最理想的当代印度住宅方案"。

艾哈迈达巴德的施瑞亚斯综合教育学校（Shreyas Comprehensive Educational Campus）是我还在格雷厄姆做研究员的时候设计的。这是我第一个大项目，由莉娜本·曼加尔达斯（Leenaben Mangaldas）委托，她的娘家姓是萨拉巴伊。她是玛丽亚·蒙台梭利（Maria Montessori）教育哲学的忠实追随者，而施瑞亚斯的教学正是以此为基础展开的。

我把校园设计成由独立班级组成的群落，有阳台，但没有传统意义的连廊。教室的尺度与不同人群的身高有关，老师身高165厘米，孩子则在90~150厘米之间，这样做的目的是能同时提供亲密尺度和大尺度。在艾哈迈达巴德的气候条件下，空气对流是保持空间凉爽的必要条件，这就进一步要求设置阳台和悬挑，为活动区域遮蔽严酷的日晒。

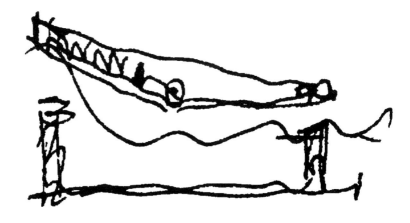

我们问了这些问题：孩子是如何学习的？孩子能学到什么？孩子在哪里学习？教育，不只发生在教室里，也需要到室外去，感受季节的变化。每次出门，你都会看到花木盛开、风景日新、自然的节律、光影、材质、体量……所有这些交叠在一起，对学习都很重要。

　　教师，其实很像是园丁。维克拉姆·萨拉巴伊的母亲莎拉拉·德维·萨拉巴伊（Sarala Devi Sarabhai）有一次谈到这个问题时，把她子女的成功归功于正确的修剪、关爱、营养和照料。她还说："**记住，永远不要指望苹果树结出芒果，让它把自己的本性做好就行。**"

　　之前说过，我很幸运，在艾哈迈达巴德安家；我很幸运，这些开明的客户都委托我做项目。在这里，我们的任务不仅仅是建造另一座房子，而是寻找空间，一个可以追求更高层次目标的环境。

　　这样的项目让我能够不仅作为一个建筑师，也作为一个人，去学习、成长和成熟。我还要再补充一点，这里的项目不仅内涵让人满意，数目也足够多。能把工作做得又多又好，让我感觉良好，成长迅速，逐渐在同龄人中脱颖而出，当然，也改善了物质生活。

　　我相信，这一切对我来说都很重要，让我有了安定的感觉，能够扎下根。离开浦那后，我不断从一片大陆迁移到另一片大陆，终于在这里尝到了成功的滋味。

做完施瑞亚斯学校不久，我就开始设计艾哈迈达巴德的古吉拉特邦大学（Gujarat University）实验室。我觉得有必要为实验室设计一种新的原型，以未来的增长和便于升级改造管线设施为主要目标。我设计了一个类似树木自然生长的结构模块，允许在垂直和水平方向上进行扩展。此外，同一模块还可以应对气候条件，并让化学、植物学和物理实验室具有各自独特的属性。

然后是萨拉斯普尔纺织厂（Saraspur Textile Mill）的餐厅，我努力寻找一种气候调节装置，但既不想用勒·柯布西耶常用的遮阳板，也不想用玻璃幕墙。我心里想："如果密斯必须在热带地区建造一堵既经济又只能提供最低维护的隔热墙，他会怎么做？"然后，我想到利用和博物馆类似的花格砖墙，加大进深，形成随机的储藏空间，让窗子向内退，形成了一种适合我们当地环境的新幕墙。

在这儿，我第一次砌了一堵有开洞的砖墙，加上横向和竖向支撑，窗户随机布置，遍布整面墙。在这个过程中，我自己真正理解了承重墙和非承重墙、结构用墙和非结构用墙、空心墙和实心墙的含义，还了解到气候调节墙、经济造价墙等。我意识到，材料、技术及其表达方式都是非常关键的因素。

从 1960 年到 1970 年，这段时间真是让人又激动又紧张。我内心有一种冲动，想要增加我的实践经验，成为印度的萨帕迪（*sthapati*），又想让我的工作得到认可。我无时无刻不在努力学习，从项目中，从我的客户和同事中。每一次的努力，都是为了给手头的任务找到一个更好、更合适的办法。

我努力寻找适合印度生活和文化的表达方式。传统的印度家庭收集水，利用废物，应对气候变化，过适合当地的生活，这些一直都是我深切关注的地方，成为我工作中暗自涌动的溪流。回首过往，我真的也很奇怪，为什么走遍世界各地之后，印度这么快就主导了我的观念。这也许是从对独特身份的关注开始的。

在很长一段时间里，我的事务所都没有名字。也许我很乐意像传统的印度建筑师那样，享受这种默默无闻的生活；也许我不希望这个名字把任何我以后想要做的事情挡在外面。

后来，有一天，我和莫塔拜一起讨论我的项目，他突然问我的事务所有没有名字。我告诉他，我还没有想过起名的事儿，我也不喜欢用我自己的名字——这在当时的建筑师圈子里很流行。我还跟他说，我也不希望这个名字把我的工作局限在建筑上，因为我和柯布西耶一样，渴望参与更大的事务，比如规划、城市设计、产品设计，还有其他艺术形式。

我问他，有没有一个名字，不会把任何东西排除出去。于是，他建议我把事务所命名为 Vastu-Shilpa。他说，*Vastu* 描述我们周围的整个环境，而 *shilpa* 的意思是"设计"，这个名字回答了我所有深层次的担忧。

刚 开始，我常常依靠在巴黎学到的经验处理工作，总是想着"每一个问题都有它的价值……每一个问题都是新理念之母。为了达到这样的境界，我应该制造一个问题。"

如果你要做一个正方形的房间，就要先做一个椭圆形或者长方形的，看看会发生什么。不断给自己设置挑战，一旦遇到挑战，就要勇敢地面对它，而且说，"我会解决它"。这就是你为什么会忙个不停，设置这样的挑战，直接或间接地认识到自己的不足，必然会导致新的学习。

这让我想起了在巴黎第一次见到昌迪加尔的总工程师 P. L. 瓦尔马时的情景，当时他来讨论昌迪加尔总督府的设计。因为柯布西耶还在法国南部的避暑小屋卡巴农（Cabanon），所以瓦尔马让我带他在巴黎转上一天，然后陪他去卡巴农和柯布西耶会合。

参观到蒙苏里公园（Parc Montsouris）时，他指着一棵树问我："这种树叫什么名字？"我说："我不知道。"他似乎很惊讶，反问："你怎么不知道？你们学建筑的不学园艺吗？"我说："抱歉，我们没学过。""可惜啊，没有树木、植物、森林、花园、土地和生态系统的知识，建筑怎么可能是完整的呢？"

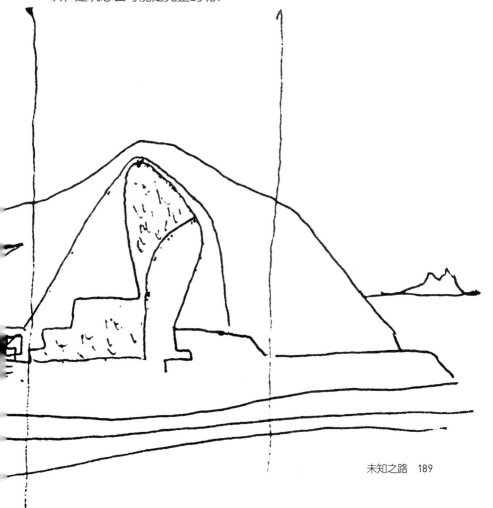

这让我开始思考，从那以后，我再也没有错过任何一个了解更多景观元素的机会。事实上，从在蒙苏里公园的那一刻起，我就开始着迷于观察我们的环境，以及它与整个动植物群的共生关系。

后来，我们去了马丁角（Cap Martin），柯布西耶的卡巴农就在那儿，那是个只有一个房间的避暑小屋，他经常去那里，喜欢住在渔民中间，他们都是很要好的朋友。

一天，在餐桌旁，柯布西耶突然摊开一张纸，问："瓦尔马，你知道什么是真理吗？"瓦尔马很惊讶，摇了摇头。

柯布西耶画了两条平行线，说："这是河的两岸。"然后在两条平行线之间画了一条蜿蜒的线，又说："真理从不触及河岸。它在中间流动，有时向左，有时向右，最终汇入更大的真理海洋。它从不偏袒任何一方，或者太过清晰而让人忽略了本质。"

有一次，我问莫塔拜印度教哲学的本质是什么时，他写下四个梵文词语：*vikas*，意思是开花；*vistaar*，意思是扩张；*kshobh*，意思是搅动；*drav*，意思是融化。他接着说："整个宇宙都是这样运作的。你不记得在《吉达》里读过，转化是自然的法则吗？记住，没有什么是永恒的，唯一确定的就是不确定。"

Blossoming

विकास | विस्तार — Expansive

द्रव | क्षोभ — Churning

melting

"Essence of life"

时光流逝，思想、想法和表达也是如此。它们在扩张，就像衣服增加了一层。不变的是搅动，去寻找永恒的真理，即 sat-chit-anand。将不确定性理解为常态，去寻找难以捉摸的神性，它隐藏在内部和谐、开放、宽容、同情、宽恕的精神之中。对于建筑，这种神性就是生命的本质，是发生在建筑之中的记忆、联想、空间、形式、光线、颜色、节奏。

你总能看到一切重新开始的机会和潜力，无论看上去显得多么没希望。

把每一个早晨都当作生命的第一个早晨，这样就很好；就好像你就出生在那个早晨、那个时刻。

柯布西耶最后一次到访肖特汉家是在 1957 年。离开肖特汉别墅前，他走近大门，又回头看了一眼，说："我，勒·柯布西耶，67 岁了，让后辈能做到这样吧。"

这对我来说就很难，在美国大开眼界，又看到康的作品后，我想知道如何才能找到一种方法，尽我最大的努力完成导师提出的挑战。

随着独立和自由的新印度的出现，挑战是显而易见的：在印度的新化身中表达印度的身份。石头雕成的寺庙、传统的城镇，这些都让我困扰，我想知道它们能否成为我们今天承担的任务的线索。我决定邀请路易斯·康接受挑战，我将在这一过程中学会重新发现自我，知道我该做什么样的建筑。

做完印度学研究所，我找到了自己的位置，就像我们的祖先在几百年前做的那样，通过并置，以不同的表达，创造我们自己的方式。我的一边是卢，另一边是柯布西耶先生。

从建筑学院开始，到桑珈和延续至今的其他项目，我始终在寻找根源，那种让印度在定义不断变化的风格和类型中生存下来的根源，同时也在理解形式、空间、光、色彩，还有技术和适应性，它们以多种方式做出不断变化的表现，热衷于模棱两可的状态。

印度人传统上不断流动的天性，以及我个人决计不模仿柯布西耶或康的想法，让我必须去寻找更适合自己的表达方式。印度看待生活那种神秘、高深而又理性的方式，是一个连续的整体——有时混杂，好在开放；有时看似没有必要的分裂，好在并未僵化成一种固定的形式和风格；有时疏松不整，好在并未分崩离析，而且还因为足够松散，得以融合了多种方式——这些都为建筑体验提供了一种类似印度服装那般宽松的状态，有时显露无遗但又遮遮掩掩；有时界限分明但又敞开；有时如此醒目但又无可名状，隐匿不见。

神秘，指的不是一个房子、一个家，不是办公室，也不是工坊，而是一个地方、一个空间；华丽，但是轻声细语的。那是一个袋子，装满由奇闻轶事编织而成的故事，怎么讲也讲不完；那是一种表达，就像我们模棱两可的交流方式。由各种部件组成的建筑，其功能不是刻板的，而是宽松的，足以容纳服务，让人愉悦，为人们提供选择，这就是一个家。

在法国时，法国人叫我"左派"，我所有的好朋友和大多数同事都是"共产主义者"，我们总是在谈论"革命"。这种观点在我心中根深蒂固，甚至我到艾哈迈达巴德独立执业后，还经常想着："我不想买保险，我不相信保险；我不想有自己的房子。"

当我去见莫塔拜时，所有这些决心都烟消云散了。他的同事都在商量着置办土地盖房子，他也常和我说起要买个房子。

他见到我时，又提出这个问题，还补充说："如果你想饿死，那么没有问题。可是，如果你想找个职业，设计好房子，养一个家，你就得有个小地方，在那儿工作和生活，没有东家能把你从那儿扔出去。还有，你还可以在家里种些蔬菜，免得挨饿。"

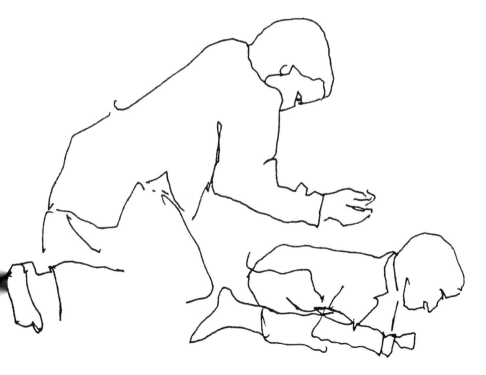

我还是没打定主意。有一天，他又问我愿不愿意买一块地盖座房子。后来几天，我开始慢慢思考他的建议。我认为拥有一所房子似乎是不错，但我没有钱，我该怎么做？无论如何，这种渴望已经扎根了，这确实是一个巨大的变化。

然后，我想，不要像通常那样，买个平均300~400平方米面积的地。如果我要买的话，就要买一块面积在900~1000平方米的地，要想生活舒适，地方应该足够大。而且，要是我真得乞讨和借钱来买地，为什么不像乞丐之王那样乞讨和借钱呢？

认真地环顾四周，我觉得我可以试着向贾扬蒂拉尔·沃拉（Jayantilal Vora）借钱，他是一名工程师，我最初在桑卡肯德尔工作时遇到他，我们就成了朋友。当天晚上，我问沃拉能不能借给我7000卢比买地，他欣然同意。我拿了钱去找拉斯克拜，他着实吃了一惊，问："你怎么能这么快就筹到这么多钱？"他分别给两个儿子买了地，都是400平方米的。

我告诉他钱是我借的，我会还的。这就是我最好的一个作品——萨德玛社区（Sadma Society）14 号的由来，它是我和我的家庭生活中不可分割的一部分。我还得再补充一句，为了在这块地上把房子造起来，我又借了一次钱！这是一笔 15000 卢比的银行贷款，由我们住房协会的合作组织发放，沙亚穆拜·肖特汉作的银行担保。

前些年，我为了寻求教育和工作的机会，不断冒险，前往新的城市，现在，我在艾哈迈达巴德过着完全不同的生活，但还是要冒险。我的工作室——桑珈——能够生存也要归功于借来的钱。不知为何，我似乎总是借钱来应对这些开销。

不拥有任何物质财富的想法已经伴随我很长时间了。我相信，其中的原因和我的童年记忆有关。

我母亲在我 10 个月大的时候就去世了，过了些年，我父亲再婚了。我和哥哥瓦拉赫都不能接受这件事，那时我 15 岁，我也说不出来是为什么，大约有一年的时间，我们兄弟俩都没法和继母相处。因为这个，再加上要表达对父亲再婚的不满，一天晚上，我们就搬到了祖屋的二层，开始独自生活。

我们的感受是如此强烈，没几个月，我们就搬到了一个租来的房子里。那儿东西很少，我们的衣服常常是用小姑给的被单缝的。那时，我起誓，不愿占有任何财产，也不占有任何贵重的东西，比如装饰品。我决定像个流浪者一样生活，我不会去考虑所有权的问题，即便到现在，我也没有任何东西——桑珈既不是我的住所，也不是我的办公室。这让我很高兴。

我总是把我的岳母芭当成自己的母亲。她照管我们家和整个家族，总是在付出，总是那么谦和。她会记得每个人的需求，甚至从 1960 年起每个来过这里的客人。

芭的全部家当就只有一个不大的箱子，里面装着 4 套纱丽和上衣，没有其他任何东西，都是白色的，便于替换。而我们家的其他人则有许许多多的衣橱和柜子，里面装满了我们的衣服和各式零碎儿。

童年的影响通过许多方面延续至今，我很少因为环境对我的物质生活产生威胁就做出反应，这是我的个性。

有一次，一个勒·柯布西耶基金会的人来找我，

"你参与过肖特汉别墅的设计？"

"是的。"

"你还做过 ATMA 办公楼的设计，我在记录里看到了你的名字。"

"是的。"

"但我们没有留下那么多图纸，只保留了 4~6 张图，究竟是怎么回事呢?"

"我不知道，但我参与了整栋楼的设计。我在这里画了施工详图；我在那边也画了图。"

"没有研究光和空间的剖面。"

"那我就不记得了。"

"怎么可能不记得了？你的（学历）背景是?"

"我没有背景，我学到什么，感受到什么，就都画下来。"

"你不是从学校学到的吗?"

"不是，我在孟买的 J. J. 学校待过，三年后就走了。"

"那你怎么能完成这些（工作）的?"

"我不知道。"我说。

我给他画了一张草图，关于 ATMA 会堂的设计，我说："我给你看看我是怎么做的。我曾像柯布西耶一样画图，像他一样签名。有一天，柯布西耶看到了这个项目的图纸，问我，'多西，这是你画的吗？'我说：'是的。'他说：'你画得很好，但放的人太多了，你必须得有自己的判断力。'所以，我那会儿像他。和康做项目，我又像康。"

客人不知道接下来该说什么，就匆忙离开了。

现在看来，可以说我已经知道了如何掌握柯布西耶建筑的精神。他也意识到了这一点，因此信任我，让我决定他在本地的项目都需要有些什么。下一次他再来艾哈迈达巴德，看到我做的决定都会很满意，给予首肯。

他不在的时候，我完成了肖特汉别墅和 ATMA 大楼的室内设计，他最后一次来视察时，对这些工作完全满意。几年后，我又向他提出了改造肖特汉别墅厨房的建议，还要在游泳池和佣人区旁加一个浴室。他很痛快地答应了我的建议，我把那份回复保留了下来。

在回信中，他只提出要做一点小改动，但更重要的是，问我为什么能够快速独立地完成这些工作，而不像在塞夫尔街 35 号，会花好几个月做一个方案。有一阵儿，他甚至把这封手写的信钉在了那边的墙上。

还有一次，我做了一件让自己吃了一惊的事情，发生在我在格雷厄姆基金会的办公室遇到路德维希·密斯·凡·德·罗的那一次。他坐在我旁边，突然转过头问我："多西，你和柯布西耶一起工作过？"我说："是的，先生。"然后他问："要是让他把朗香教堂建在曼哈顿的麦迪逊大道上，柯布西耶会怎么做？"我愣住了，停了一下，回答他："先生，您打算怎样把您的教堂建在那座小山上呢？"他只是笑了笑。

有时，我觉得我没有明确意识到周围发生了什么。偶尔会感到一片空白，好像自己是在别的地方。奇怪的是，我认为这常常对我有帮助。我可以同时既在办公室，又不在办公室。我可以一直承担风险，事实很可能是，每次我冒险，都是因为我不知道等待我的是什么。

　　我意识到，如果你总想要预测接下来会发生什么，你就会受到抑制。偏见也会产生抑制作用。我觉得我们过去的知识限制了我们自由地思考。

孩童没有这样的包袱，这就是为什么孩子是自发的、无畏的。孩子能够在生活的过程中发现和学习每一个瞬间。随着人的成长，我们倾向于预期结果，而不是自发地行动。

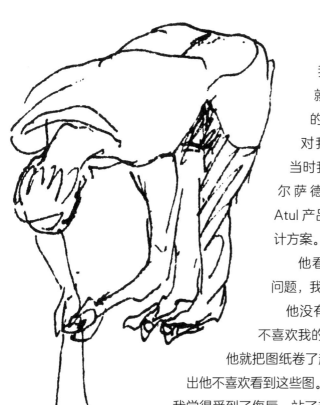

我清楚地记得，我与卡斯图尔拜之间就有过一次相当自发的感应，或者说，他对我产生了重要影响。当时我在和他讨论我给瓦尔萨德（Valsad）附近的Atul产品公司做的办公室设计方案。

他看着图，时不时问我问题，我向他解释各种细节。

他没有作任何暗示表示他不喜欢我的设计，但突然之间，他就把图纸卷了起来，很明显地表示出他不喜欢看到这些图。至少我是这么想的。

我觉得受到了侮辱，站了起来朝办公室门口走去。他瞥了妹妹利拉本（Lilaben）一眼，说："看看这个年轻人，他不耐烦了，看来不想做这个项目了，但实际上很可能他明天就没饭钱了。"

然后，他挥了挥手让我坐下，我照做了。他叫来一杯茶，说："多西，你为什么这么没耐心？一个项目的双方常常会意见不一致，但这不是结束。我们已经经历了许多这样的插曲，每一次关系都更加密切，合作得更好。"他是我真正的导师，像对待自己的儿子一样爱我。

　　我不怕失败，我本就没有什么可失去的。如果你不占据任何东西，又何谈失去呢？我最珍贵的财产不是物质上的，我有梦想，梦想是我的，没有人能夺走我的梦想。我的思想，我的创意，这才是我的。然而，我必须找到使用思想的方法；如果找不到，我就会失去它们。

我承认，我有选择性记忆；我对那些美好的时光记得很清楚，糟糕的事情就会很快忘掉。我很少与人争论，如果我们意见不一致，我也无所谓。我被骂过，被骂过很多次，但我并不在意。我知道，总有另一种方式来看待所有情况。你如果更能接受其他观点，就会像树木一样，更经得起疾风的摇曳。

经常有学校的学生或教师，还有我的客户，可能会因为道听途说而来指责我做错了什么，我会主动去和他们沟通，到最后，我们还是会成为好朋友。这让我能够成为一个与众不同的人——一个思想开放、平易近人、充满希望、对世界和未来都保持正面心态的人。

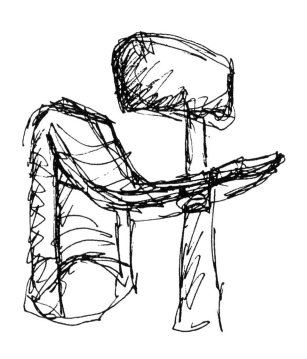

多年来，我的设计中不断的变化和适应是很明显的。我仍然不知道什么是好的美学。是像有些人说的那样，绝对地看待事物的方式吗？我还是不明白什么是风格。我不知道我们能说什么是正确的。在我看来，至少有一千种不同的方式来解释事物。这也是印度教哲学的观点。有必要忘记负面因素，寻找可能的解决方案。

　　1980 年，我在 RIBA 作了一场演讲，见到以前在意大利旅行时
认识的历史学家、朋友查尔斯·詹克斯（Charles Jencks）。

　　RIBA 的演讲结束后，他对我说："多西，你谈到了乌代浦
（Udaipur）和斋浦尔（Jaipur）的建筑，以及人们的生活方式，他们
的衣着、食物和习惯在这些城市里是如何结合在一起的。但你如何解
释你自己的建筑以及它们在当今印度的建筑表达呢？"

　　我没有忘记这个问题，此后，为那些同时遵循传统和西方生活方
式的客户进行规划和设计时，这个问题总是一再出现。

我的作品似乎借鉴了我的童年记忆，以及我在欧洲工作和旅行那段时间的经历。奇怪的是，我并不会被直接重复的美国场景吸引，也许是在规模、技术和问题的本质上有着微妙的差别。

　　在欧洲古老的城镇，人们很容易走入公共空间和服务设施，这让我为之着迷，也深受启发。这源自它的尺度和文化亲和力，在意大利和周围地区尤其如此。意大利、拉贾斯坦邦（Rajasthan）和古吉拉特邦这样的地方，把我的世界扩大了，我在表达中会把它们联系起来。这样说来，只是讨论风格，当然无法激起我的兴趣。

当年离开巴黎时，我曾发誓，不会在自己的设计里使用遮阳板，也不会使用立柱和其他我的导师已为人熟知的设计元素。我也曾注意到，他自己是如何把这些元素放在一边，为他的建筑创造了一种全新的语言，比如在朗香教堂中。尽管一开始我就意识到了这种必要，但还是常常会回到老路上。

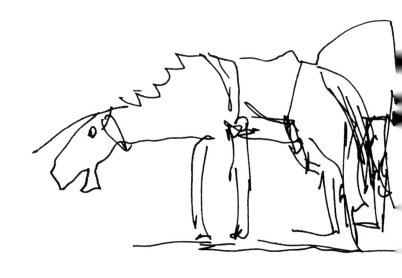

在我开始设计自宅前，我已经设计了两座住宅，一座是给
K. C.雅韦里（K. C. Jhaveri）的，另一座是为奇努拜·曼
尼拜·谢思（Chinubhai Manibhai Sheth）设计的。雅韦里宅使用
了底层架空的框架结构、大尺度的旋转门和砂浆砌筑的砖墙。奇努拜
宅有三层高，用的也是框架结构，有小型百叶窗，做了一些悬挑。房
子投入使用后，我去看自己的设计，却感到很震惊，因为它们根本不
能代表我所追寻的东西。

即便如此，我在几个月后所画的自宅初稿，还是在很大程度上源
于在巴黎获得的灵感。草图画的是一个混凝土伞形结构，外围是砖墙
和玻璃，室内空间一边是通高的，一边分为两层。做到这里，我已经
意识到这些想法其实是毫无意义的，它们与我在设计中所寻求的相去
甚远。我挣扎着要摆脱我所学的东西，做我自己。

通常，当我们没有跳板，或者没有去寻找更简单的解决方案时，
我们就永远无法摆脱我们学到的东西。

一个偶然的机会，就像上天赐予似的，我在参观砖窑时找到了自
宅的设计之源。当然，设计灵感的产生不是一种简单的现象，机缘巧
合可以碰撞出灵感的影像，可以运用于我们的设计之中。真实的世界
的确奇妙地塑造着创意的世界。

事情是这样的。一次，我去参观一个砖窑，正好看到有个女人
从满是灰尘、破旧不堪的楼梯上下来，楼梯后面有四根柱子。细细
的阳光透过旧铁皮屋顶上的小孔射进来，照亮了整个场景，让人难
以忘怀。

由此产生了我在 1958 年设计的自宅平面图，十字交叉平面，中心有四根砖柱，外围由承重墙围合。中心柱和外墙之间的开放楼梯成为住宅最突出、最令人难忘的元素。

50 年后，这样的平面又启发我为我的女儿泰加尔和玛尼莎设计了两座房子。柱子和楼梯仍然是两座房子的核心，但是我对应不同的基地和生活方式做了不同的配置。

在我的自宅设计中，传统寺庙的 S 形在悬挑的盒子中转变成垂直的天窗。光和空间的品质源于曼诺拉马·萨拉巴伊住宅。最后还有浦那传统住宅的感受，狭窄而低矮，限定出夹层的空间。夹层里是通常只在图书馆或床铺上才有的又窄又矮又长的空间，让人觉得这座房子好像只有一层。

和很多其他项目一样，自宅也在建造过程中被无数次修改、调整。因为我把每一个正在做的项目都当作是我最后一个项目，把今天当作是最后一天，所以想要把它做好，做成我最好的作品。无论我想要更改什么，都必须立即执行，而不是等到下一个项目。

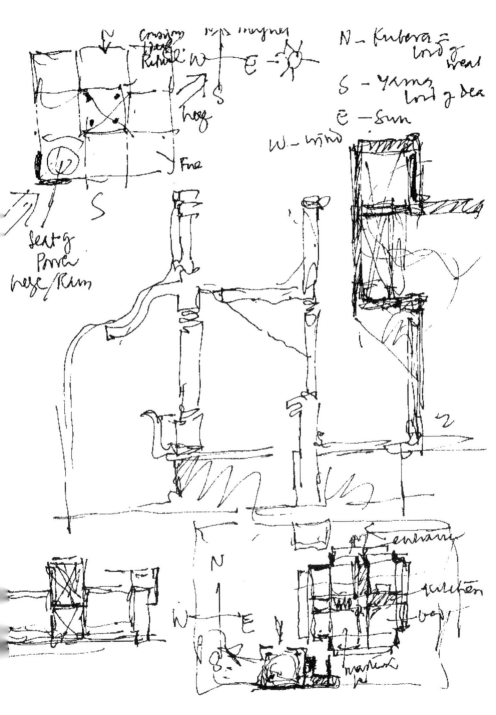

N – Kubera = Lord of weal

S – Yama, Lord of dea

E – Sun

W – Wind

LC — Parallel walls

combinations
cube meandering
and cube + volumes

directions
of space
+ objects in
space

attached objects
and free objects

Static
Static
Central

Static
but
larger

Focus in the centre
Radiates towards
wall

Quality of Space
changes — directions
proportions become
different — In "3D" the conseques
are felt

contains Space
and creates
Tensions between
walls + column

Space suggest
another relationship
creates counter
points — movement
is dynamic

Inclined wall

也许艾哈迈达巴德洞穴画廊最能表达这种精神。虽然建筑本身看起来是有限的，但几年后，当我组织它周围的景观和入口时，我试图把它连接到外面的世界去。2010 年对桑珈做的扩建也是这样，为了容纳国际工作室和展览空间，以最意想不到的方式进行了扩建。还有卡诺里亚中心（Kanoria Center）和 CEPT 的扩建项目也都是如此，至今仍在进行当中。在这里，当代性和新旧融合问题一直是设计的焦点。

我发现我一直在按学到的经验行事。即使在施工中，我也会修改设计。无论是大型机构项目还是普通住宅，设计和实施过程中都会经历多次修改，以求变得更好。

这里，我要讲一个巴克敏斯特·富勒的故事，我从他那里学到一个好习惯。巴基上午抵达德里，要在当天下午 4 点去作那场著名的尼赫鲁纪念演讲。我和斯坦（Stein）一起陪他吃了午饭，下午 3 点左右把他送到阿育王酒店。他很累，但仍要我们 3 点 30 分到酒店大堂碰头，赶去会场。

斯坦和我想再让他休息几分钟，就决定不在大厅给他打电话，而是去他在五楼的房间。我们刚到那儿，巴基就精神抖擞地走了出来，准备去发表这个重要的演讲了。我们很惊讶，我就冒昧地问他是否休息好了。他说："多西，我靠打盹提神。如果你想要整天都精神抖擞，就要学会打盹。"我后来也学会这么做了。

我的职业生涯经历了多个阶段。首先是对印度的发现，然后是柯布西耶在印度的工作那段让人欢欣鼓舞的时光。然而，其中总有一种对创新和果敢的渴望，这种渴望深深植根于印度的文化和生活方式中。前 20 年的实践很艰难，充满了生存的挑战和关于身份的寻觅，但我一直在努力，寻找一种适合印度建筑的表达方式。

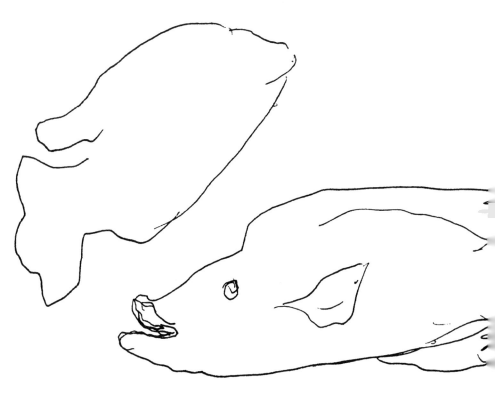

从 1958 年起，格雷厄姆奖学金给我提供了在美国多所大学演讲的机会，让我结识了当时所有顶尖的学者和建筑师。我会在讲座上展示我发现的或是我设计的东西。有人提问，有人评论，也会讨论，然后启发我，产生新的想法和设计。

李欧·李奥尼知道我在关注为穷人提供廉价住房的事情，就邀请我参加了 1966 年美国举行的阿斯彭会议（Aspen Conference），会议的主题是"我们的余生"（The Rest of Our Lives）。我带了一群印度人去参会，包括现在国际知名的设计师和社会活动家拉吉夫·塞蒂（Rajeev Sethi）、著名的电影制作人阿多尔·柯普莱克里什汗（Adoor Gopalakrishnan），还有平面设计师 R. K. 乔希（R. K. Joshi）。

我曾有机会与乔治·坎迪利斯（Georges Candilis）、沙得拉赫·伍兹（Shadrach Woods）、阿尔多·凡·艾克、詹姆斯·斯特林、吉安卡洛·德卡洛、雅各布·巴克马在 Team 10 的乌尔比诺会议上交流。Team 10 是我之前提到过的 CIAM 的一个分支，见到所有这些建筑师，对个人的成长和发展来说是难得的机会。

会上，我发言的主题是"时间、宽容、身份和连续性"。我展示了自己为印度电子公司在海得拉巴所做的小镇的方案。我在其中创建了一个可通用的服务核心作为主体结构，人们可以在需要时增添房间。我觉得所有这些问题，对于印度的建筑师和规划师来说仍然是非常适用的。

总体说来，20世纪60年代是我生命中非常特殊的10年。我很幸运地参与了国家设计学院、印度管理学院、B. M. 职业健康学院（B. M. Institute of Occupational Health）的初创阶段中，当然，还有1962年成立的艾哈迈达巴德建筑学院。

我还与艾哈迈达巴德市政公司（Ahmedabad Municipal Corporation）合作，积极参与了艾哈迈达巴德市发展规划的筹备工作。那时我30多岁，正是一个学习和迎接新挑战的好时候。

前面提到，这一时期，经过高塔姆·萨拉巴伊（Gautam Sarabhai）和吉拉·萨拉巴伊（Gira Sarabhai）的努力，国家设计学院在艾哈迈达巴德成立。对这座城市来说，这是一件大事，因为它把伊姆斯夫妇（Charles and Ray Eames）、中岛胜寿（George Nakashima）、亨利·卡蒂埃 – 布列松（Henri Cartier-Bresson）等杰出人士带到了艾哈迈达巴德。他们在这里用了几个月的时间，为国家设计学院制定发展愿景，培训学院教师。这对一座印度城市来说是个难得的机会。

虽然建筑学院和国家设计学院的设计教学都基于包豪斯的方法，但伊姆斯夫妇对国家设计学院的前景作了改变。他们将印度传统上常见的工艺和设计融入设计学院。伊姆斯夫妇非常推崇设计对象的永恒价值，比如不起眼的小水壶 lota，这种水壶有多种形态，跨越时间和空间的变化，这正是此类设计能存在几个世纪的原因。

此 外，艾哈迈达巴德是一个有着 6 个世纪历史的城市，在它的历史建筑旁，矗立着 4 座柯布西耶的建筑，这使它成为众所周知的现代建筑之城。每个建筑都用了多种方法和技术去探索建筑的可能性，用创造性的方式去捕捉阳光、微风、景色，创造多样化的空间体验，这是一种全新的体验，使用独一无二的或是混合多种的材料、技术、形式。

康的 IIM 校园则展现出使用当地材料、技术和工艺的另一种方法，这些项目开辟了在印度和国外寻找执业建筑师的新方式，找到创作出既适应当地特点，又不落窠臼、有所创新的途径。由此，艾哈迈达巴德就成为所有对现代建筑感兴趣的人的重要朝圣地，不仅吸引了印度本地的访客，也吸引了许多来自世界各地的游客。与其他国家来访者交流的机会，加上我在国外的教学工作，让我有了更多机会探讨和反思全球和地域语境下设计的本质。

人必须同时既做小项目，也做大项目。一座房子是一粒粮食，就好像广袤森林中的一株树苗。人要学会专注于从最小到最大的事物，同时也要孤立地看待它们。然而，无论大还是小，除了当时突出强调的这一点，其实还有许多共同的因素。

我的老师戈尔（Gore）那时在孟买认识不少年轻建筑师，我通过他认识了查尔斯·柯里亚（Charles Correa），我们两个逐渐因为对建筑、艺术和电影的爱好成为很好的朋友。在他最重要的作品之一——甘地纪念馆（Gandhi Ashram）的施工过程中，他经常来艾哈迈达巴德查看工程情况，对身份和建筑适当性的共同关注使我们走到了一起。

我们都希望重新发现我们的身份，为此常常为我们的作品和建筑教育状态进行争辩，这种情况愈演愈烈，发展为亲密的家庭友谊和专业上的合作联盟。我这辈子最难忘的一件事，是有幸成为查尔斯和莫妮卡婚礼上的伴郎。

查尔斯·柯里亚和阿尔特·坎文德常来艾哈迈达巴德见客户和参观项目，他们会住在我家里，我们常常讨论艾哈迈达巴德的客户都有什么优点，这里有多少试验的机会。我们总是谈到要给年轻的建筑师组织一个团体，振兴建筑教育，为印度提供新的方向。查尔斯还提到要把设想中的建筑学院放到孟买。

我很高兴，我们能有机会与建筑专业的学生分享我们的经验。

受所有这些的启发，我自然而然地感觉应该在艾哈迈达巴德办一所建筑学院，也很自然地想到向卡斯图尔拜寻求帮助。当时，卡斯图尔拜·拉尔巴伊、奥卢图尔·哈尔戈万达斯（Amrutlal Hargovandas）、拉斯克拜·帕里克、B. K. 马宗达（B. K. Majumdar）及其他成员领导着当时最著名的教育慈善机构——艾哈迈达巴德教育协会（AES）。在那个时候，AES 已经开办了几所高中、教师培训学校和艺术、商业、制药及科学方面的大学。

虽然大多数 AES 的成员都很赞同这个主意，但也有来自其他人的阻力，AES 的重要负责人奥卢图尔·哈尔戈万达斯就提出："我们已经有这么多土木工程学院了，为什么还需要一个建筑学院呢？"

好在卡斯图尔拜对印度所需的新建筑类型有更深入的了解，这得益于他与勒·柯布西耶的交往。他说服了奥卢图尔和其他的办公室负责人，使他们同意了这个想法。

随后，我联系了其他的专业人士，邀请他们加入，其中包括工程师拉斯维哈里·N. 瓦基尔博士（Dr. Rasvihari N. Vakil）、苏库马尔·M. 帕里克（Sukumar M. Parikh）、马亨德拉·梅赫塔博士（Dr. Mahendra Mehta）和艺术家杰拉姆·帕特尔。杰拉姆·帕特尔曾在英国学习艺术，其他人都曾在美国学习，因此接受过现代教育机构的教育。他们都欣然同意加入，我们就这样开始了行动。

我们非常幸运，有像卡斯图尔拜·拉尔巴伊、维克拉姆·萨拉巴伊博士、德里的建筑师阿尔特·坎文德、物理研究实验室的拉马纳坦（Ramanathan）博士、德里来的结构工程师马亨德拉·拉吉（Mahendra Raj）、艾哈迈达巴德纺织工业研究协会的 T. S. 萨勃拉曼尼亚（T.S. Subramanian）博士这样的忠实支持者，在初创时期担任学校的理事会和顾问委员会成员。他们在很大程度上帮助新学校提出了反传统的教育理念，发展其愿景。还有一点，他们也帮助我们对付教育中的因循守旧者！

　　学校成立后，全国各地的大批建筑师和艺术家都对它产生了兴趣。例如，有一次，我在宾夕法尼亚大学作过演讲后，路易斯·康的学生伯纳德·科恩（Bernard Kohn）找到我，决定过来。所有因为要看柯布西耶和康的项目来到艾哈迈达巴德的人，都会来到学校校园，后来他们还会去参观 CEPT 大学的校园。在校园里，这些来访者会为学生、老师作讲座，一起讨论，他们丰富了这座城市的教育和专业氛围，反过来，这也有助于整个国家在建筑和规划领域跟上国际发展的步伐。

　　我相信这所学校从这种国际交流中获益良多。一件事把我们所有人都联系到了一起，那就是必须以完全不同的眼光来看待印度的建筑教育。我们对一切都有疑问，有时甚至有些天真，那是因为当时我们都还太年轻。

如果要举个例子，可以说说这件事。1962 年 7 月，我们正在寻觅能录取的第一批学生，我们要求学生提交申请，还定了面试日期。面试时，AES 的秘书纳金达斯·沙阿（Nagindas Shah）带着一份新德里来的电报找到我们。那是全印度技术教育委员会办公室（All India Council for Technical Education，AICTE）发来的，说因为我们的课程事先没有得到批准，所以不能录取学生。在这种情况下，AICTE 也不同意我们声明能提供学士学位。

当时参与工作的人都不知道需要经过批准，然后我们就停止面试，赶紧讨论该怎么办。寻求他们的批准，意味着我们不得不将标准下调至与其他那些建筑学院一致，而它们的办学理念已经是几十年前的了。但我们发现，如果我们能提供文凭，就可以按计划继续我们的课程内容和教学方法了。

因此，我们去见了聚在一起的学生和家长，告诉他们，学生在学业结束时将获得 AES 颁发的文凭，他们得决定是不是能接受这一点。我必须说，AES 的声誉非常好，结果他们都接受了我们的建议，我们从大约 100 名申请的学生中录取了 30 名。

1962 年，由于我们还没有场地，就请求 H. L. 商业学院和 L. D. 艺术学院把他们的房子借给我们，开设初期课程。随后，我们搬到了 M. G. 理学院和 L. D. 艺术学院的羽毛球馆。之后又搭了三个帐篷容纳新增的课程，还有选修课和工作坊。我们的食堂就开在树荫下。两年后，经过当时的古吉拉特邦荣誉长官——尼提扬·卡农戈（Nityanand Kanungo）的干预，我们开始颁发正式的文凭。最终，新德里的 AICTE 认可了我们新型的课程安排和我们实现的高标准教学，并给予批准。这意味着我们的文凭已经基本等同于学士学位了，可以作为高等教育凭证，进入政府工作，注册成为建筑师。但因为我们不是大学，仍然不能称之为学士学位。

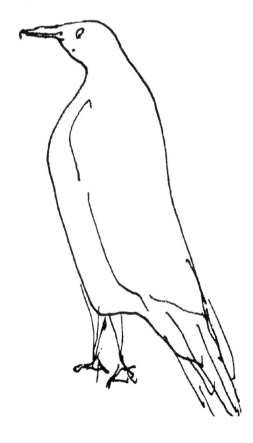

杰出的建筑师、设计师和艺术家和我们进行过长期或短期的合作。当克里斯托弗·亚历山大（Christopher Alexander）还是一名数学家，在哈佛大学教书时，就给我们上过一些早期的课程。当杰拉姆·帕特尔决定回巴罗达（Baroda，现称瓦多达拉）时，推荐皮拉吉·萨加拉来和我们共事。大约在同一时间，C. B. 沙阿（C. B. Shah）也来了，教授工程和技术课程。

又过了几年，哈斯穆克·帕特尔（Hasmukh Patel）从康奈尔大学毕业后加入了我们。在美国跟随路易斯·康工作和学习的阿南特·拉杰（Anant Raje）、库尔布尚·然（Kulbhushan Jain）回到印度，也加入了我们。有了这样一个团队，我们得以在印度实现建筑教育的开创性突破，从学校在印度和世界上获得的地位来看，我们做了正确的事。

我们确实吸收了许多在当时印度教育机构中不为人知的思想，我们一定是全印度第一个实行学期制和开设选修课的学校。我们不赞成把期末考试作为学生学习的最高标准，而是非常重视整个学期的常规学习，认为好的辅导对学习至关重要。

我们认为，评价不该只是一次性地选择通过或失败。我们认为，评价应该类似于发展出一种想法或一个项目，并将其呈现给客户，得到对于想法的反馈，据此重新设计。为设计课程设立开放式的评图制度，在印度也是首创的，即使到现在也没有多少机构实行。这种方式鼓励学生发展视觉和口头沟通技巧，在以后的实践中会非常有用。

工作室一直对学生开放，想要见哪位老师，都不会有丝毫耽搁。教师之间有定期的会晤和交流，不仅讨论课程和教学安排，还讨论校园里几乎每个学生的优缺点。

□　想起我在建校初期与柯布西耶见面时的情景。那次我去巴黎，谈到了办学校的事情，他有点惊讶，问我："你，办学校，你会教什么？"我兴奋地打开我们准备的小册子跟他讨论，给他看历史、社会学、人文、技术和设计那些多种多样的课程。

"这么说你要把这些都教了？我不知道你懂这么多，"他用怀疑的目光看着我，"可是，这个呢？"他从草图桌上拿起一根 30 厘米长的比例尺，晃悠着说。真是这样！不能正确理解尺度和比例，就不会有好建筑。

可我们怎么教这个呢？这些难道不是经验性的，只能被感觉到的东西吗？仅仅教学生做平面设计，能帮助我们把建筑和其中的元素联系起来吗？即使做模型，和实际尺寸也不是一回事。

我永远不会忘记 50 多年前柯布西耶问我的这个问题。

另一个 CEPT 大学历史上重要的里程碑事件，发生在和美国麻省理工学院、宾夕法尼亚大学的老师进行讨论的时候。1972 年，关于成立规划学院的计划正在成形，时任哈佛大学访问学者的克里斯托弗·查尔斯·贝宁格（Christopher Charles Benninger）来与我共事，作为联合主管，参与学院的发展计划。规划学院在很大程度上得益于一批著名的经济学家，如 B. N. 维什瓦纳特（B. N. Vishwanath）博士、杰文·米托（Jeevan Mittoo）教授、甘古利（Ganguly）教授，还有萨达尔·帕特尔社会经济研究所（Sardar Patel Institute of Social and Economic Research）的 Y. K. 阿拉赫（Y. K. Alagh）博士和 S. K. 苏布拉曼尼亚姆（S. K. Subramaniam）博士。多年来，这所学校已经成为国家的标志之一。

再往后，1981 年，在艾哈迈达巴德的一次工程会议上，当地的房地产开发商和建筑承包商，包括阿尼尔·贝克里（Anil Bakeri）、K. B. 梅塔（K. B. Mehta）、H. S. 沙阿（H. S. Shah）和其他著名承包商，决定支持建立建筑科学与技术学院（School of Building Science and Technology），为建筑行业培训从业人员。就这样，第一个五年全日制建筑工程师课程在印度的校园里出现了。

到了 1991 年，建筑学院的校友克里希纳·夏斯特里（Krishna Shastri）在美国学习和工作后，回来创办了室内设计学院。她在那里亲身体验到了专业的室内设计师的价值，感到印度有必要建立正规的室内设计教育。就这样，在设计学院出现了印度第一个五年全日制的课程。

这株在 1962 年种下的小树，现在已经是一棵参天大树了，它被称为 CEPT 大学，有几个学院和数十个专业，涵盖了从本科到博士的各个阶段。能实现这些并不容易，我们所有人都参与了这个机构的建立和培育，其中的要求是很高的。和其他学校一样，我们的教师和学生来自全国各地，社会和经济背景都互不相同，而有所矛盾。在创立初期更是这样，我们为此尝试了一种当时在国内还闻所未闻的教育模式。

这里有过冲突，有的源于学术热情，有的则较为世俗。但我认为，我们有能力处理冲突，这源于我们的教育理念，更源于我们的教育环境，我们友善地处理冲突，实际也是为校园增加了实力。

我与规划学院的校友见面时，还会回忆起第一次有学生罢课的情景。那原本是一件很简单的事情，问题的关键是发给学生的助学金。拨款当局更改了助学金，但我们一点也不知道，我们也没有收到额外的资金，得以支付更改后的津贴金额。

这件事经过了一段时间的发酵，罢课开始时我又正巧不在。当我回到校园时，看到所有学生都拿着标语牌、海报什么的在路上站了一大群，混凝土梁上都贴着三四十厘米高的标语，标语的内容是为多西等人敲响丧钟。

我朝我的小屋走去，里面挤满了规划学院的学生，他们把那儿占领了，我估计可能是想要做出已经接管了的样子。然而，当我走近屋门时，所有的学生不知怎么地几乎都跑了出去。因此，我进去以后，首先和教师、管理人员见了面，了解我不在的时候到底发生了什么。

了解清楚事态的发展后，我叫那些罢课的学生来找我。大家都劝我别这么做，但我相信，要正视所有的冲突，才能圆满地解决它们，这对学生、教师和学校的平安都非常必要。

所以，当学生们都来了以后，我给所有人都要了茶。然后我告诉他们，我一点也不为他们决定罢课感到生气或不满，他们有权获得更多的津贴，我尊重这一点。我所要求的只是理解，考虑到我们的运营经费有限，在我从资金管理机构那儿得到额外补助前，还不能按照提高后的金额支付他们津贴。

　　我还补充说，如果他们觉得我们在这件事上做得不够，或者在其他任何事情上做得不够，我也愿意辞职，让他们来处理这些事情。我相信，这能让学生意识到我们都是站在同一边的，罢课因此结束。避免对抗才能解决问题。我必须说，做出回应总是有效的，这很简单，在冲突中，双方通常都是对的；只是需要双方共同分享和理解对情况的看法。我相信，采取这种方法也有助于校园的多样化发展。

校园发展的要求是从整体的角度来看待生活和教育，由此设立了一些视觉艺术和表演艺术的机构，让学校的科系设置有了更多维度。参与这些机构提供的课程，以及与来访的艺术家互动，都能使校园里各专业的学生参与体验其他创意性学科。

这些机构中的第一个是 L&P 胡其信视觉艺术中心（L&P Hutheesing Visual Arts Centre），它成立于 1977 年，当时我碰巧在从艾哈迈达巴德去孟买的火车上碰到了苏罗坦·胡其信。他的两个妹妹——史里马蒂本·泰戈尔（Shrimatiben Tagore）和萨罗吉尼本·胡其信（Sarojiniben Hutheesing）也都很支持这个建议，希望在中心举办艺术展览、戏剧工作坊、音乐和电影欣赏课程，并提供了慷慨的资助。

无巧不成书，成立卡诺里亚艺术中心也是因为碰巧见到乌尔米拉·卡诺里亚（Urmila Kanoria）而促成的，她是来我家看库穆迪尼·拉克亚的舞蹈演出的，她之所以慷慨允诺此事都是为了芭。第二天，我们又在从艾哈迈达巴德飞往新德里的航班上同行，进一步巩固了这个想法。征询了印度各地著名艺术家的意见，我们为年轻艺术家提供了一个工作室场地，只对配套设施收取象征性的费用，以此帮助他们追求自己的事业。他们可以在这里工作，直到成功展示了自己的作品，然后把地方留给下一组。拉文德拉·雷迪（Ravindra Reddy）、沃尔特·德索萨（Walter D'souza）和普里斯帕尔·辛格·拉迪（Prithpal Singh Ladi）等艺术家都是首批教师，也是中心的负责人。

所有这些发展使得这所学校成为印度独一无二的多学科校园，CEPT 的基本理念是：教育无界限。这里就好像一个市场，可以在几个不同的领域学习，相互之间没有边界。在这里，教育的每一个方面都在坦率和亲切的环境中得到公开讨论，因为你只有在自由和放松的状态下才能实现卓越。

艾哈迈达巴德教育协会为建设 CEPT 大学校园划拨的 22 英亩土地，原本是一个砖窑，表层的土被挖出来做砖，留下了一个又深又大的坑。

反复做了几次研究，我设计出一个局部两层通高的工作室，从北侧采光。各个工作室以不常见的方式交叠布置，一个摞在另一个上面，由此产生了非常必要的视觉和物理上的相互联系，也是自然采光和通风的需要。

在远离砖窑的地方铺设基石时，我意识到悬挑的楼板和承重砖墙其实都是多余的。看到砖窑周围的低洼地带，我感觉应该把建筑推得更近些。

我一整晚都在研究剖面，发现了最重要的因素是如何连接坡地和水平面之间的不同高度，从而创造出不同寻常的体验。

把建筑移到坑上，我就获得了自由的地面空间。很高兴，如今我能看到每个人在这个空间里自由无阻地活动。

悬浮在两堵厚砖墙之间的半地下空间，仿佛在与起伏的绿坡，还有对面较高的楼层握手。

建筑最重要的组成部分是你进行创作所依赖的土地，场地条件将向你暗示设计必须探索的潜力。当我移动建筑时，朝南的体量发生了变化，形成了一个两层高的体量和一个全新的部分，促使工作室为高低不同的空间不断赋予多样的功能。

常去基地看看，耐心倾听它的低语，想象这里的风景，研究太阳和风的运行。建筑是墙的艺术，需要去体验，研究日常活动，然后设计。

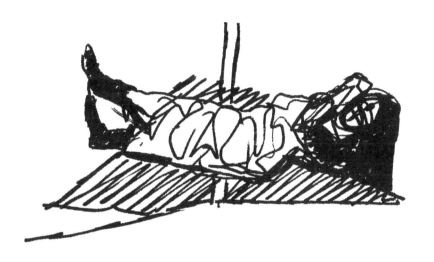

　　为了确保质量，培训工匠使用新技术，必须更频繁地去现场，即使现在也是这样。

　　我在最近设计我小女儿的住宅中，至少到现场去了 30 次。马哈拉施特拉邦为培训高级官员在浦那建造的政府研究所，名为 YASHADA，我在三年里也去了大约 30 次，培训现场员工和承包商使用新材料和新技术——当初做洞穴画廊时就是这样。

在设计艾哈迈达巴德的圣雄甘地劳工学院（Mahatma Gandhi Labour Institute）时，有一次我去工地，发现在没有自然光的情况下，一条长长的拱顶隧道简直太糟糕了，好在当时隧道还没有砌完。还有我指定的饰面，因为疏忽，没有写到标书里。我不知道这个阶段还能做些什么。

很凑巧，就在此时，现任董事被调走了，任命了新的董事。我为了项目去拜会他，同时也提出要给方案增加些内容，以便让研究所适合已拟定的教学计划。他接受了建议，允许我为了设计做些返工，纠正之前所有的错误，最终实现了修改后的方案。

去现场，并不是说要当场就解决问题。下工地时留下的记忆，会在你的设计里找到一个地方。因为你去那儿，场地都会告诉你要做这个，不要做那个。它会告诉你它想要什么，喜欢做什么，不喜欢做什么。

设计班加罗尔的印度管理学院则是完全不同的体验。场地本身没有明显的特征，但是它的环境，因为当时距离班加罗尔市区很远，显得绝世独立。这让我想到了广阔的平原，就像寺庙之城周边常有的那种大片空地。

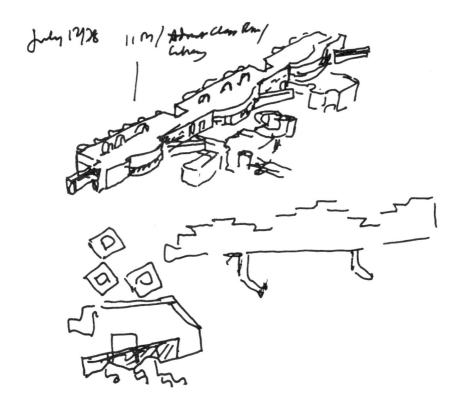

　　当项目主管 N. S. 拉马斯瓦米（N. S. Ramaswamy）教授第一次
跟我谈到这个项目时，他问我："多西，你能不能想出一种不一样的
模式，适合小规模的教学？"所以，在校园设计中，我的重点是让相
互对话的空间能够彼此融合，而不是让各个区域泾渭分明，在校园的
任何地方都可以进行户外的学习。

根据校园场地的大环境，我在项目中受到马杜赖（Madurai）的米纳克什神庙（Meenakshi Temple）的启发，它是一个用当地传统民居常用的贾沙梅尔（Jaisalmer）石建造的精神中心，当然也参考了路易斯·康在艾哈迈达巴德建造的红砖的印度管理学院。我想发展出一个系统，让建筑在班加罗尔的印度管理学院中消失，让建筑之间的空间主导场地中的体验。

　　我问的问题是，什么是重要的，是建筑的形式还是内容、空间？是在不同空间中移动的体验，我认为最重要的是体验，是印度拉莎（rasa），是空间的微妙体验，让空间令人难忘。它拓展了联想，丰富了想象力。

　　校园也从法塔赫布尔西格里城（Fatehpur Sikri）的皇宫汲取了灵感。走廊因此如同街道，是运动模式中的重点。20 世纪 80 年代以来，自然、内容与容器（即形式）的问题开始让我研究传统的形式及其诠释方式和经验。

　　设计卡诺里亚艺术中心时，我想到，这里一方面需要中心式的有序管理，另一方面也需要自由，才能让艺术家富有创造力，这需要相关的组织、空间和视觉设置都能够同时表现出控制与自由的联系。在这里，设计试图通过半覆土的行政单元来表达这种冲突关系，从平台引出的楼梯像桥一样连接到工作室顶部的平台。

最近，为了给卡诺里亚艺术中心做扩建时融入现有的树木，我在屋顶上开了个口，就像我从上面把房子种植下去一样。看着加建部分完工，我再次意识到体验式建筑的价值。我沿着斜屋顶的屋脊设置了一条狭长的缝隙，在坚固的实体结构中增加了脆弱性。

建筑夹在两堵长而平行的墙之间，好似一条狭长的船，屋顶有技巧地做了若干开口，让我看到建筑如何能实现既开放，同时又封闭、透明、坚固。我找到一片干枯的叶子，扭曲卷成一团，但又不失其中心，我尝试着将它展开，再一次发现它的形状，我发现，从扭转而卷曲，到伸展而铺开，给人一种自由的感觉，即便我们是在一个封闭的空间里。

几年前，我去马哈拉施特拉邦的萨扬加尔堡（Sajjangarh Fort）旅行时，参观了斯瓦米·拉姆达斯（Swami Ramdas）的三摩地①，那是他离开这个世界的地方。他是罗摩勋爵（Lord Rama）的信徒，也是希瓦吉·马哈拉杰（Shivaji Maharaj）的精神导师。斯瓦米的三摩地是一处半地下室，屋顶上矗立着一处供奉罗摩的寺庙……多合适啊！这样的布局再次坚定了我追求建筑隐含意义的信念。

印度很幸运，这里的宗教建筑可以有很多种表达方式，在其中，我最着迷的是在岩体中切割挖掘的方式。我永远不会忘记约 40 年前第一次参观埃洛拉（Ellora）的凯拉什寺（Kailash Temple）时的情景，那是一次极其激动人心的经历。通常，你在岩石上开凿，就能挖出一个洞穴。

---

① samadhi，也译作三昧，指止息杂念，使心神平静，是佛教的重要修行方法之一。
　　——译者注

然而，在一块活的岩石上雕刻出一个完整的多层寺庙作为一个独立的物体，然后通过挖掘周边创造空间，就好像它是独立建造的，这是一个惊人的成就。挖掘，就像印度教哲学中的"*neti, neti, neti*"，意思是"不是这个，不是那个"，本质上是通过否定来定义。那么，这意味着什么或试图传达什么呢？也许这就像在说："我是物质的，我要赎罪，我要修行。我要摆脱我所拥有的，那些看得见的东西，显示我所代表的东西。"

正像别人说的，米开朗琪罗没有创造雕塑，他只是揭示了已经存在的、隐藏在石头里的东西。对我来说，埃洛拉的凯拉什神庙同样揭示了内在的东西，在这里，深不可测的事情得到显现。就像你看到一粒种子，却看不到一棵树，但是树就在里面。印度教哲学的基本原则之一，就是通过个人的微观世界发现宇宙。

站在凯拉什神庙一层的门廊上看着日落，我觉得整个地方都与宇宙的力量相连。我意识到，那位萨帕迪①一定经过了深思熟虑，才选择朝向活的岩石，还有太阳的方向和轨迹。继续站在那里，我觉得自己好像踏上了天堂之路，强烈地感受到被 *chetna*——也就是我们周围的生命之力——萦绕着。

关于 *chetna*，最奇妙的事情是，你看不见它，摸不着它，它却无处不在。只有当你看到树枝和树叶摇曳，你才会意识到微风的存在，*chetna* 就是这样的。阿旃陀石窟（Ajanta Caves）和埃洛拉的石刻寺庙群也会让人想到其他问题，比如，修建这样一组建筑群需要多长时间？我们指的是，需要几个世纪？是 5 个，还是 10 个？

---

① 此处指寺庙的建造者。——译者注

　　如果要花这么多时间，什么样的组织会实现这么高的质量，而且持续几个世纪呢？那需要几代萨帕迪和工匠，应该如何指点这几代人？没有人知道房子最后造出来会是什么样子，不知道最后在房间最深处的墙上，到底会刻上怎样的标记。这就好像是在重新创造深不可测的宇宙空间，将它呈现为一座寺庙。我相信只有造诣深厚的修行者（yogi）才能想到这些。

　　寺庙建筑群的设计，要让所有阶层的人都能方便地进入；寺庙成为家庭日常生活的一部分。它们满足了我们日常的情感和精神需求，并逐渐引导我们思考一个问题：我是谁？我究竟要做什么？

例如，我在科纳克神庙（Konark Temple）的入口处看到过非比寻常的图像，描绘了一只成年狮子骑在一只身量很小的幼象身上，这样的表达显得很矛盾。我意识到这是种玩闹的姿态，就好像祖父母随时随地都会让孙辈骑在背上一样。

同样，在安东尼奥·高迪（Antonio Gaudi）设计的那座与众不同的巴塞罗那圣家族大教堂（La Sagrada Familia）里，也有一根乌龟撑着的巨柱，那只乌龟被雕刻成好像要摆脱施加在它身上的重担的模样！我倒从中感到一种微妙的信息：只要有决心和信念，任何重担都能挑得动。

我注意到，位于阿旃陀和埃洛拉的建筑的结构中，有些柱子并不是层层垂直对齐的，每一层的尺寸也不完全一致，有的楼层粗点，有的楼层细点，并不统一。这其中的道理，是自然界精神与智力之间相互对照的动态平衡，而不仅仅是静态的荷载的传递。

　　由此我们还能学到一点，没有必须遵循的某种理论或规则，事情总有例外，例外也在丰富我们的世界。一个好的结构应该遵循动平衡的原则，我得说，圣地亚哥·卡拉特拉瓦（Santiago Calatrava）在他的设计中做到了这一点。

　　这就是生活的意义，生活并不是你想象的那样，生活就是你如何对待它，如何与它度过。生活就像一条河流，不断地流动，直到抵达大海，它要克服种种障碍，有山脉、小丘、岩石，甚至瀑布。如果它遇到了一个湖泊，它会静静地倾入其中，再满溢而出，冲破某处堤岸，继续向海洋进发。

　　如果你想象河水那样流动，就不应该恪守二元性。你必须像河流那样缓缓而行，不会执着于表面的矛盾；流淌、动态和运转，这些都应该存在。例如，一座寺庙是一处完整的对生命的演示，就像我们自己的身体，它将自身的实体与宇宙的力量融合到一起。

我常常想知道，凯拉什寺的设计者有没有参考资料。如果他们活到今天，会做和我们现在一样的事情吗？或者他们会做一些特殊的事情，因为我们对建筑的定义要么来自我们所受的教导，要么来自我们在历史书上看到的东西，来自我们对历史的了解。实际上，没有绝对的定义；这些事情都是从我们的日常生活中显现出来的，来自你所经历的和你所享受的。

有的观念把建筑看作是静态的，认为它是由无生机的，或暂时的材料制成的，认为它的功能是特定的，只属于某一方面的。然而在现实中，建筑是像我们一样的活的有机体，主要依靠自己微妙的能量，按照自己的节奏和步伐发挥作用。一座伟大的建筑确实是一个精神实体，为了在我们的设计中实现这一点，我们必须自由，我们必须内省，进行自我批判，重新发现我们自己。

我们为自己制定了一些规则，让自己习惯于遵守这些规则，由此把自己关在自己造的监狱里。我们走到这一步是因为我们害怕，我们之所以害怕，是因为我们总是渴望得到别人的认可，渴望别人对我们工作的赞赏和支持——所有这些都是道具。

我相信贾沙梅尔周围村民建造的朴素的泥屋和阿旃陀、埃洛拉的凯拉什寺那样的建筑一样伟大。他们之所以伟大，且因为伟大而相互关联，是因为他们都是由设计师创造出来的——更确切地说，是当地土生土长的萨帕迪——他们只做自己喜欢做的事。

由此产生的一个问题是，今天我们应如何工作？我们如何摆脱我们借来的、不属于我们灵性召唤的包袱？我认为，建造埃洛拉和阿旃陀的建筑所采用的有组织的结构提供了重要的经验。要决定什么是主要的结构，什么是次要的结构，并允许每个人在他／她自己擅长的领域中胜出一筹。没有强烈的愿望、奉献和信仰，是不可能实现的。

在我第一次参观阿旃陀石窟后，克里斯托弗·亚历山大来到了艾哈迈达巴德，他和我写了一篇文章，题为"主结构与次结构"（*Main and Sub-structure*），它强调了借助优秀和分享来实现更大的目标。即使到了今天，类似的组织仍然以大家庭和社区的形式存在于我们的社会中。

我曾在传统的住宅和规划项目中观察到这种体系和等级结构，它们即使在今天也仍然适用。这体现在空间的层次、技术和材料的使用、变化和控制等在我们的居住环境中仍然存在的东西。我就是这样发现了贾沙梅尔房屋和街道规划的一般原则，这给了我掌握印度建筑主题的一个线索。

目标是为了更大的共同利益，意图是为了共享利益或资源时，其关注的就是普遍的。功能超越自我。权力要用来行善。声望是为了分享健康、财富、智慧。这样的设计超越了时间，对所有年龄、文化和经济都是可行和有效的。法塔赫布尔西格里城、米纳克什神庙，还有艾哈迈达巴德的古城都是很好的例子。

法塔赫布尔西格里城尽管只被莫卧儿王朝占据了很短的时间，但这座由皇帝阿克巴建造的首都仍然让所有游客，无论是专业学者还是门外汉都叹为观止。它很简单，比例、形式和相互关系都非常得当，而且很容易理解。我们所有人都能发现其中的开放和封闭区域、主建筑和附属建筑位置的优越性。

预制构件，如标准柱、飞檐（*chhajjas*）和面板被如此和谐地组合在一起，以至于你只能注意到流动的空间和限定空间的围护结构。让你难忘的是暗面和阴影，是庭院和延展的建筑体量。

在这里，形体是由暗面和阴影，以及庭院和延展的体量创造的，沉浸其中的感受如此完美。

规模适度，体量低矮，庭院广阔，这里既适合一大群人游览，也适合一个人独行。尽管建于几百年前，仍显得非常现代。整个建筑群由一种颜色、一种材料构成，即红色砂岩，但并未显得单调。没有矫饰，没有夸张，只用形式就表达了自己的身份。法塔赫布尔西格里城是真正永恒的。

权力在这里更倾向于行善，而不是腐败。绝对权力不会导致绝对腐败，而是绝对会有益。

参观马杜赖的米纳克什神庙，我同样被其空间体验所震撼。这座神庙已经有 700 多年了。对我来说，正式和非正式、控制和放松、有限和无限、封闭和开放的空间共存于米纳克什神庙。这样的空间组织不断地帮助朝圣者完成仪式，体验生命的二元性。

在这里，可以说，人会感到不稳定。建筑群就像我们传统的城镇和村庄，以建筑形式和开放空间丰富了私密和公共的领域。

走廊的尺寸和规模各不相同，精雕细刻的柱子和墙面让朝圣者回忆起我们古老的历史。柱子和墙面上描绘的神话故事，马上让我们与其他的世界产生联系。也因为这样，抹去了当下。

Feeling of lightness / air / movement - mobility - non static

这些经历深刻地丰富了我对于建筑目的和本质的思考，让我想到天空中的太阳、月亮和永远在变化之中的群星的轨迹，还有季节的变化。

　　建筑周边的墙体上密布着壁龛，那众多神龛和神像，每每令我驻足，这与我们城市中的社会环境其实很相似。当然，我不会因为注意力分散而无法走进内殿，相反，它们会让我与主神和其他圣所联系起来。

　　庞大的建筑群形成了美好的体验。我还在主廊旁一个黑暗房间的角落里，发现了一尊几乎看不清楚的迦尼萨神（Lord Ganesh）像，不知怎的，我还能感觉到，在庙里不远处还有一尊米纳克什女神像。

　　我能理解我周围这些层的目的，那是一种无所不在的能量，通过实体与空隙、建成与未建成之间的动态关系产生作用。我在内殿向米纳克什女神祈祷，然后走到外面，我感觉好像除了我刚才到过的地方，这里别无他物。即使到现在，每当我开始做一个新项目时，都会想起这段经历。

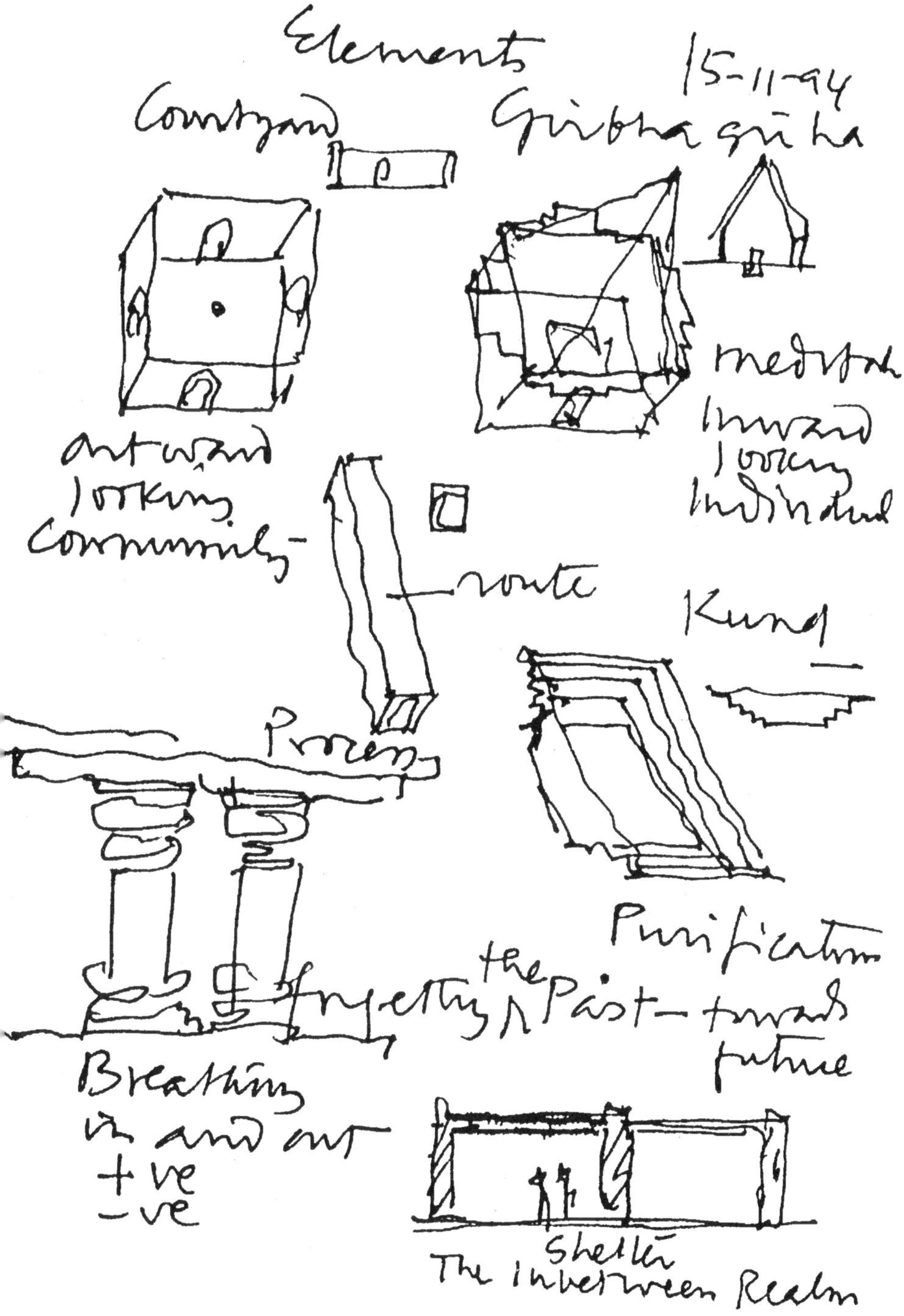

Elements

Countyard

15-11-94

Gribha griha

outward
looking
Community

medital
Inward
looking
Individual

route

Kund

Process

Purification

forgetting the Past — toward future

Breathing
in and out
+ ve
— ve

Shelter
The Inbetween Realm

常 有人说起哪座城市规划得很好，但对我来说，斋浦尔是独一无二的。在这里，我看到了东方与西方、传统与现代的完美融合。我看到，斋浦尔采用的是正交体系的规划，在细节上融入了印度小镇有机成长的优点。城市由多个部分组成，有序而又放松。

当天文学家马拉加·杰伊·辛格（Maharaja Jai Singh）在地球上创造这个天堂时，他关注的是宇宙力量的相互作用，这座城市成为对他所理解的天国庆典的实体表达。

斋浦尔的规划来自选择性、灵活性、经济可行性和低能耗生活的原则，经过适当调整，以适应日常生活，以及家庭和社区生活中的特殊需求，可以说，我们生活的方方面面在这里和谐地融合在一起。我用以下的话描述它：

要在地上造一个天堂，市民必须快乐

为了快乐，他们必须健康

为了健康，他们必须过得好

要过上好生活，他们必须有良好的环境

他们必须有赚钱的机会

要做到这一点，他们必须有手艺

有技能和知识

他们应该能依据自己的选择接受教育

他们必须合作，在市场上售卖他们的产品

为了维持所有这一切，他们必须纳税

为了纳税，他们必须安居乐业

几个世纪以来印度城市和寺庙的多样性，让我意识到其中的观念中有一个共同的主线，这就是印度教对转变和不确定性的信仰；这种变化可能是季节、资源，或是人们世世代代的行为。

我愿意相信，人们有意识地建造城市和寺庙，是为满足物质和精神的需求。建筑则是其延伸，概念根植于我们的哲学：通过创造不同的体验和唤起日常生活中的记忆、联想来追求对生命的赞美。

举例来说，我可能很幸运，母亲引导我创建了一处场所，在那里我能够满足所有的记忆、联想和对所谓的生活及其与建筑的关系的愿景，这就是我在桑珈试图重现的。它远离毗邻的两条道路，显得非常低调，而且缺少引人注目之处。

从大门进入建筑的路线模糊不清，打破了访客对办公楼应有样式的预期。这有助于改变思维定式，对意料之外的事情产生好奇。时间和节奏变了，仿佛这是另一个世界，在很多方面都是未知的，但又是一个让人在精神上感到安静、永恒和广阔的世界。

我想在桑珈创造这样一种体验，因为我觉得，强加在我们身上的习俗阻止了我们去接触真实的自我。为什么不花点时间看看我们周围的世界呢？树木、植物、卵石、荷花、小鸟，还有我们自己。有必要凡事都如此肯定吗？慢慢地，我开始发现什么是适合印度的，它开始长大，成为更具体印度。对我来说，这几乎是一次重生。

　　桑珈表达了我生命中一个非常重要的时期，那是一段寻找自我认同的时期。我开始构思和建造桑珈时已经 50 岁了，我对大自然有了更多的了解，开始更加用心地观察大自然。我会观察树木的生长方式，意识到树枝弯曲和扭转的方式是为了找到更多生长需要的日照，而且要阻止其他树枝这样做。

　　如果我重新构思我的建筑，我不知道自己还能不能创造出这样具有互动性的空间，并显示各个部分独特的光彩。桑珈入口的旁边，有一堵开放而独立的厚重墙体，挨着一排高大的桉树。墙体之所以做得这么厚，有两个原因：一是作为地下室倾斜的外墙，二是用来阻挡可能倒下的树木。这是一种未知的情况，但不可预见的谜团以及树木可能发生的意外，让我做出了这样的决定。这种独特性为井然有序的主要结构增加了变奏，然而，今天我相信，它也为行走其间的感受和为结构的有序性增加了另一个维度。

我开始对自己的身份和存在的意义产生疑问。在那之前，我一直在回顾我的生活。我想到了一生中各种难忘的事情，把所有我工作和生活过的地方都体现在了这里。为了理解这个阶段，我花了 6 个月的时间和莫塔拜一起研究《吉达》。我相信我的奋斗已经结出果实；桑珈让我感到平静与祥和。

我们常常因为即时性而受到局限和影响

然而，总有隐藏的层面需要探索

最终触及并揭示埋藏在我们内心深处的记忆

它们用自己选择的时间和方式在我们的工作中显现出来

就像土壤滋养着树木，让它独一无二

属于它所在的地方，记忆也扮演着类似的角色

这就是根源和身份，是你内心深处珍视的东西

最终，这些根会发芽并展现它们的个性

这就是你的身份

不需要辩解，因为它是永恒的

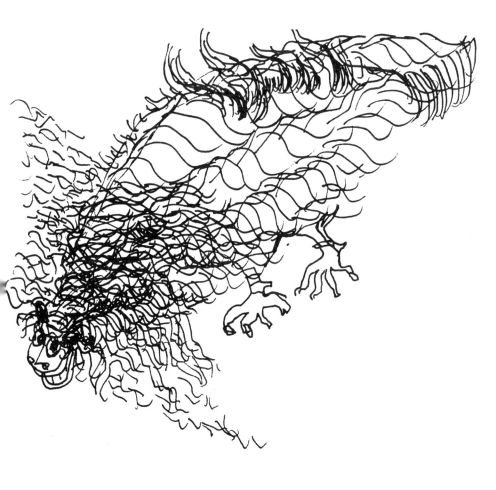

我记得有一次在机场遇到 P. R. 皮萨罗蒂（P. R. Pisharoty）博士，当时他是艾哈迈达巴德物理研究实验室的主任。他正要去新德里参加一个会议，但只带了一个很小的公文箱。尽管他在世界科学界享有盛名，但他过着非常简单的生活，似乎总能完全掌控自己和周围的环境——获得绝对的平静。

坐在他旁边时，我问他："博士，请告诉我，你是怎么做到总能这样保持镇静的？你没有遇到过矛盾吗？你从来不会匆匆忙忙吗？"他说："多西，这都是我小时候妈妈教的。你知道吗？十来岁的时候，我意识到，生日的时候亲戚会给我祝福，送我礼物。"

"但只要一有客人祝福我，送礼物给我，我妈妈的古鲁，一位婆罗门老者，就会坐在那儿念着我的名字，骂我。我问妈妈：'为什么你的古鲁在我生日的时候辱骂我，这时候别人都在祝福我，说着好听的话啊？'"

"她说：'孩子，有人夸你，你肯定会开心；但要记住，人的一生总有被人骂的时候。要学会像接受奉承一样接受辱骂。这样你就会平静下来。'我永远不会忘记这节独特的生日课。"

20 世纪 50 年代和 70 年代，那段时光我觉得有好几个方面都很有意思。除了加入城里那么多让人兴奋的研究机构中，做了实践项目，我的个人生活也进展得很顺利。婚后不久，卡玛和我搬到了沙拉达社区 72 号，那是一套租来的两居室，离普卡路（pukka road）有 1 公里远。

没有公共交通工具，雨季路上就很泥泞。刚开始我骑自行车，但这让我的结肠炎更严重了。所以我向兄弟瓦拉赫借了钱，买了辆德国造的摩托车，这样去项目现场就方便多了。由于结肠炎，我也不得不严格控制饮食，只吃白水煮的食物。差不多四五年，卡玛也只吃煮熟的东西。

但这只是周围令人兴奋的发展中的小麻烦。勒·柯布西耶的客户是我们在这座城市里认识的第一批人，随着时间的推移，他们都成了我们家的朋友，因此，1960 年我们搬到萨德玛社区 14 号自己的房子里可谓正逢其时。自己家的房子为我们的社会生活增加了全新的维度，我们因此可以因各种各样的理由，提供各种各样的场景，招待众多的朋友、同行、亲戚。

其中有一个特殊的惯例是接待学校的教师和学生。多年来，在像胡里节（Holi）这样的特别日子或是新学年的第一天，建筑学院的全体教职员和学生，有将近 200 人都会在上午或是晚上来到我家。我得补充一句，当初我们轻率地决定给自己的家买一块更大的地，但这已经被证明是种福气，让我们能够举办这么大的活动，分享欢乐和温暖。

我们家有一点特别让人高兴，就是总能在家里招待那么多国内和国外的客人，其中有很多人后来都成了我们家亲密的朋友。我们一起度过了激动人心的时光，一起听音乐会、看艺术展览、参加舞蹈节，还有其他城里城外的活动。

我还记得，大概是 1964 年，阿尔多·凡·艾克和妻子汉妮（Hannie）到艾哈迈达巴德来。他谈到了他是如何借用他从乡村生活研究中获得的空灵建筑品质的，尤其是他对非洲多贡人村落的研究和他们在非常恶劣的环境中维持生活的集体式的做法。

接下来是九夜节（*Navaratri*），我们带他们去了艾哈迈达巴德附近的一些村庄。当时外国人，尤其是白种人，还很少见。因此，村民们在节日会场把他们围得里三层外三层的，让我们尴尬极了。村民走到近处，长时间端详着他们白皙的皮肤、蓝色的眼睛，甚至还有人用手摸了摸，确定这是不是真的。尽管很尴尬，但这件事让卡玛和我意识到我们感受到了一些村庄生活中的社会文化。

我们很幸运，多年来接待了来自印度各地和海外的客人、来访者。由于他们不同的背景和专业，让我们可以分享很多工作和生活的内容，相互学习。还有一点也很重要，我常陪建筑师去看那些重要的建筑场所，这帮助我了解到另一种背景和文化的人会如何看待我们的建筑和城市。

我印象最深的，是陪路易斯·康游览迪尔瓦拉神庙（Dilwara）和热那普尔（Ranakpur）神庙。当我问他怎么样的时候，他说："我更喜欢热那普尔。它很清楚，很简单，秩序井然。迪尔瓦拉太甜美了，工于技巧，缺少热那普尔那种力量。"

我说："卢，你说得对，但是有一种把事物精神化的哲学吗？对我们印度人来说，物质消失时，精神得以显现。迪尔瓦拉可能不能从建筑学上理解，但总体上说是一种去除我们所见物质的体验。"康接着说："也许吧，但我更喜欢热那普尔。"

因此，我们既有幸成为快速发展的当代世界的一部分，同时也有幸成为历史悠久的慢节奏的印度生活方式的一部分。我想，我从周围的人身上学到了很多东西，也学到了他们在特定情况下的行事做法。我经常试着从别人的角度看问题，这可能很有帮助。

可以毫不夸张地说，我所有的记忆，包括导师的教诲和童年的观察，都不断在我的作品中表现出来。我不知道这是好是坏，但我很容易适应，很容易被造就。那可能是礼物，也可能是诅咒，但事实就是如此，我谦恭地接受它。

虽然当时我还没怎么接触到公共住宅，但那实际上一直是我的追求。因为我还记得浦那的那些穷人，记得他们受的苦，也还有当年在巴黎时接触到的社会主义思想。

我以前常去家里的家具作坊，大多数的工人、他们的家人和朋友我都很熟悉，这让我接触到了我们社会中的低收入人群、贫困阶层的生活。我也很了解他们的生活条件，因为小时候去过他们的家，长大后非常想为他们做点什么。

这样的想法如此强烈，以至于四年级时，学校让自选一个主题写文章，我写的是要做出更便宜的家具和其他家庭用品，让穷人买得起，生活得更舒适。

作为一名建筑师，我一直在积极参与大众住宅，尤其是城市贫民住房的相关事务，其中包括制定住房政策，进行研究，设计大批住房项目等。

在职业生涯早期，也就是 20 世纪 60 年代，我为印度当时正在建立的新产业规划过几个自给自足的城镇。其中的住宅从 500 户到 2000 多户不等，后者仅占地面积就超过 250 英亩。

然而，城镇的所有权属于建造它们的工业公司，维护工作也由这些公司完成。城镇的主要作用是为了吸引那些产业设立过程中当地尚且缺乏的熟练技术人员，房子和设施都需要比他们能在城里得到得好，花费也要合理，可以从工资中扣除。但这种短暂的所有权意味着居民与自己的家，还有更大的社区之间的密切程度会降低。我们知道，这对一个城市是不健康的，很难让它有自己的个性。

然而，当时在印度，这样的项目非常少，那是一个很重要的对开发、建设此类城镇的学习阶段。人们感兴趣的内容还包括寻找适当的城镇形式、交通规划、商业的供应和设计、社会和娱乐设施等，还有为自给自足城镇的各个方面制定标准和规范。这些项目因此在许多方面都被证明在现代印度具有先驱性和开创性。

这些项目的第一个，是位于巴罗达附近的古吉拉特邦化肥公司（Gujarat State Fertilizer Corporation）镇区，占地 75 英亩，可以为 1896 户家庭提供住所，还设有可以满足 1 万人所需的全部社交、娱乐设施和购物场所，这让我们对这类项目的规模有所了解。我记得我那时非常热衷于设置道路交叉口，以减少交通事故，还花了很多时间研发实际能够决定城镇形态的街道模式！

另一个项目，是 1974 年在海得拉巴为印度电子公司（Electronic Corporation of India）设计的住宅。我曾建议回收用过的水，并在那个时代决定混合布置不同收入阶层和不同类型的住宅。高层官员强烈反对我提出的住房户型面积多样化和不同阶层雇员的融合。幸运的是，维克拉姆·萨拉巴伊是该项目的科学顾问，他谴责了官方那种等级森严、官僚主义的态度，维护了我的方案。

在 1973 年，又一个机会出现了，印度农民肥料合作组织（Indian Farmers' Fertilizer Cooperative Organization）提议在古吉拉特邦北部的卡罗尔（Kalol）规划一个 400 户居民的小镇。这个项目挑战众多，资金很有限，但房子必须很宽敞。因为那是一个合作社，所有的决策过程很自然地与社区有更大的互动，这意味着员工在房屋的规划和设计上有更大的发言权。

为了用有限的资金获得最大的空间，我记起了自己观察过的火车车厢和轮船。所以我通过优化尺寸，把每个体量最小化，就好像它们是一堆独立的盒子，服务于各自的功能。然后，按照相互之间的需求关系放置这些体量，增加一些体量，形成其他空间。这就像是在买水果，如果你想要一公斤水果有更多的个数，就只能买个儿小的。因此，我减少厨房和浴室的体量，把客厅和卧室做成正常尺寸。然后，我又在服务核（service core）的上方增加了一个藤架，可以用来种种植物，也可以在夏天时在外面睡觉之类的。

但我最喜欢的，还是我为艾哈迈达巴德人寿保险公司（Life Insurance Corporation，LIC）设计的住宅项目。这些房子与其他的不同，是由投保人抽签选出来的。我知道这些房子将会容纳整个家族，好几代人。他们会认同它，有强烈的归属感，他们的需求会改变，他们也会改变房子的一部分。

在这里，我同样也把人寿保险公司官员的强烈反对放到了一边，我把三层的建筑进行了混合并颠倒了户型上下排列的顺序。项目设置了三种住宅户型：一种是两居室，一种是一居室，还有一种是房间和厨房在一起的开间。我决定把最大的户型放在一层，中间大小的放在二层，最小的户型放在顶层，由一个室外公共楼梯通达。

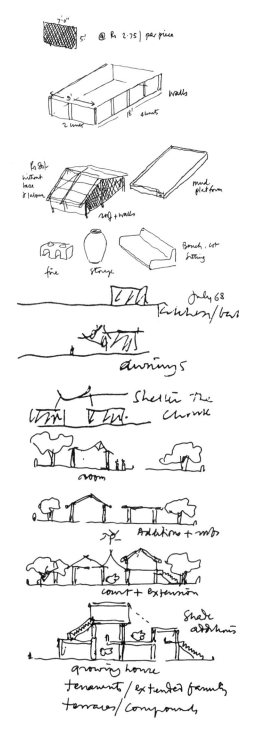

　　这使得上层的房子从第一天起就能享受到露台，还能在需要时改成房间。如果住在一层的家庭决定加建一个房间，他们就可以拥有一个露台。这个有 315 个家庭的社区加建和改造着他们的家，以适应不断变化的需求。有一件事可以证明它有多成功：最初住进来的人家，很少有搬走的。走在那里的街道上，我觉得好像周围什么都在施工中。

　　做了这么多的住宅后，我准备迎接更大的挑战，由印多尔市发展局（Indore Development Authority）提出的名为"阿兰尼亚"（Aranya）的大型住宅项目。我说它是大型项目，其实是说它是一个全面整合、有多重资助的住宅项目，要在面积为 202 英亩的土地上建造 8000 套住房，供给不同收入阶层的家庭，其中很多人家来自当时印多尔的各个贫民窟。

　　1954 年，我还在勒·柯布西耶工作室的时候，就参加过一场德里的国际低成本住宅竞赛，

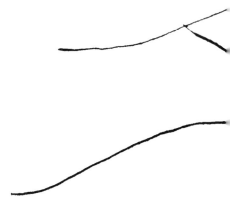

我在其中强调了增长、负担能力和培养入住者社区意识等问题。我的设计让主要街道的路旁停车空间充分发挥潜力，可以容纳有计划和随机的种种社交活动。其中有些想法我也用到了阿兰尼亚。

我决定，这些房子应该能够根据需要扩建或升级改造。加强居住者的社会经济相互依赖，提供自主创业的机会，提供有尊严的生活环境，是我对阿兰尼亚的期望。

项目的主要成果之一是不同收入群体的融合。为了实现这一目标，我把最低收入群体住宅放在各个分区的中心位置，一共有 6 个分区，共同组成总体规划。然后在外围逐渐增加居住者的收入阶层。最外围，沿各分区和较大地块道路两旁布置的，是为高收入群体准备的独立的多层住宅单元。

　　25 年后的今天，已经很难在这里找到房子最初的样子了，那时有的不过是一个底层架空的柱网，仅仅配备了厨房和厕所。这些房子现在已经成长了，能够满足居住者的需求，有得当的家具和可爱的装饰。它们不是房子，而是幸福社区生活的家园，这才是最重要的。

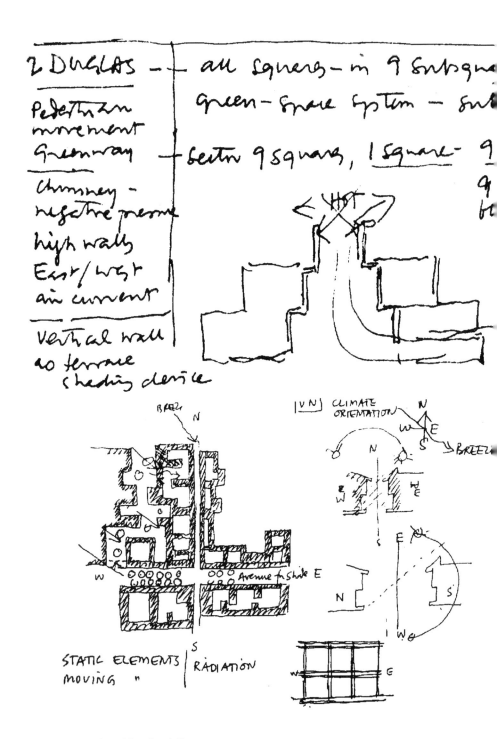

2 DUGLAS — all squares — in 9 subsqua

Pedestrian
movement
Greenway — all squares — in 9 subsqua
Green - space system — sub

Chimney -
negative pressure
high walls
East / West
air current

Vertical wall
ao terrace
shading device

BREEZ   N

STATIC ELEMENTS   S   RADIATION
MOVING   "

Avenue to shade E

|VN| CLIMATE
ORIENTATION

BREEZ

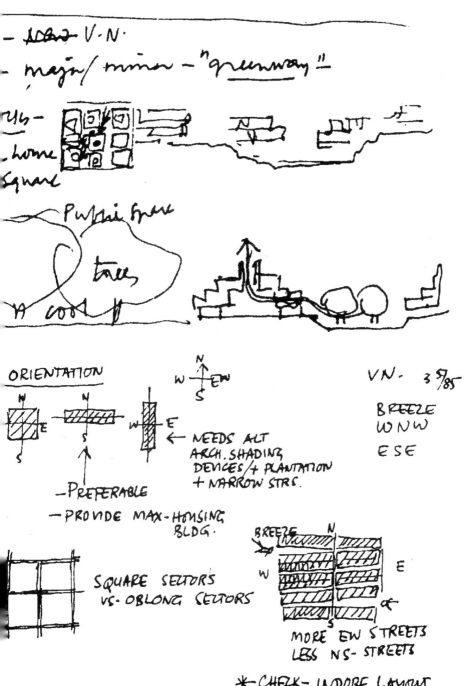

- ~~~~ V·N·
- major/ minor — "greenway"

4b —
- home
Square

Public Space

trees

A cool

ORIENTATION

N
W ⊕ EW
S

N   N   N
⊞   ▭   ⊞
E   S   W   E
S   S
                    ← NEEDS ALT
                    ARCH. SHADING,
                    DEVICES/+ PLANTATION
                    + NARROW STRE.
— PREFERABLE

— PROVIDE MAX· HOUSING
        BLDG·

VN· 3 5/85

BREEZE
W N W

E S E

SQUARE SECTORS
VS· OBLONG SECTORS

BREEZE   N
W   E
                    of
              S
MORE EW STREETS
LESS NS- STREETS

✳ CHECK— INDORE LAYOUT
    DOUBLE THE SCALE OF PLOTS

另一个令我自豪的项目是维德亚达尔·纳加尔（Vidyadhar Nagar）。项目占地约 3 平方公里，位于斋浦尔老城以西 2 公里，与城市由东向西的主干道相连，交通顺畅。由于项目的时间很紧，我又不能在斋浦尔待上足够的时间，斋浦尔发展管理局（Jaipur Development Authority）就给我在艾哈迈达巴德设立了一个专门的办公室。

开始为维德亚达尔·纳加尔做规划前，我们做了一些预备研究。通过研究案例，非常详尽地分析了昌迪加尔和斋浦尔老城，对规划和城市设计、开发成本、节能响应以及环境影响等方面做了实地研究。我们还研究了交通、人口统计、就业趋势和模式、基础设施规划和环境问题等情况。

这导致编制的全面发展计划远远超出了惯例的范畴。我们提出了这些问题：我们能尽量减少机动车出行，尽量多发展步行和自行车出行吗？我们能改变传统的土地使用模式，提供混合土地用途吗？我们能创造不同规模的就业机会，让人们都能一起工作吗？我们能找到最佳的交通网络吗？我们还制定了建筑控制性规划，因为接下来的几年，会有不同的建筑师来设计这座城里的建筑。

ater Recycling

　　我们做了详细计划，通过在周边地区植树造林实现可持续发展，其中包括水资源的回收利用，废物回收，鼓励小型工业，在居住区和工作区综合利用水能、太阳能、风能等自然资源，并创建了同时振兴内城核心区和现有城市边缘扩张区的替代模型。

从那时起，这些原则和模型成为我们几个项目的指导，并且每个项目都在对其进行改进和调整。这些重大项目包括振兴海得拉巴的查尔米纳尔（Charminar）区和艾哈迈达巴德的巴德拉（Bhadra）区等中心城区的规划，新兴的位于海得拉巴周边的高科技城赛博拉巴（Cyberabad），还有卡尔加尔（Kharghar），那是新孟买一个独立的新据点，面积可达 2006 英亩，人口达 44000 人，这样说也许能让人对项目规模有个了解。

幸运的是，印度的大多数城市都非常古老，有些城市超过千年，其他的也至少有几百年的历史，因此，每座城市都有一个核心区，那是它最有价值的遗产。核心区是城市的心脏，它们也像心脏一样运转，如果血液发生堵塞，心脏就会衰竭，城市的核心区也是如此。遗产的元素、传统集市和日常生活的质量，一个接一个地恶化，不适宜的活动和元素逐渐侵入，占领了公共空间和无人看管的产业，也会占据整个核心区。

随后，开发转移到外围地区，那里得到了越来越多的关注和开发资金，而核心地区则进一步衰退。多年来，这种循环周而复始，不断消耗着城市周边宝贵的农业用地，增加了运输时间和成本，增加了污染。

如果我们要保护遗产，如果我们要节约能源等资源，如果我们注重混合使用土地和土地用途多样化，如果我们希望促进古迹游览，就必须振兴城市的核心。我们正在查尔米纳尔和巴德拉地区的工作中践行这一策略，好在我们得到了当地居民的大力支持，只有那些留在这里的人才知道遗产的价值。

因此，在过去大约 60 年里，我一直在参与实践，一直非常幸运地投身于具有不同规模、复杂程度和背景的广泛项目之中，我也很高兴，其中大部分工作在印度都具有开创性。我因此得以在这个多元的国家游历，亲身体验它的广度和宽度，体验这个国家的人民和文化。然而，建筑对我来说仍然是最重要的，也是这些项目中我最感兴趣的部分。现在，建筑的灵魂体验、精神体验比其世俗部分更让我着迷。

我相信，建筑体验中最重要的，是在空间中行进时产生的体验，可以被描述为停留空间或是模糊的多样空间。这些空间激活了人的心灵，引导人去往其中心：人类原生存在的神秘世界。时间和空间被内化，建筑形式形成了根深蒂固的个人身份。这样的空间心理体验令人难忘，从个人扩大到整个社区，都会倍加珍视。这些经历会作为文化遗产传给下一代。

我有幸在费城见到了著名学者、艺术历史学家斯特拉·克拉姆利奇博士。我们见面时，她已经 85 岁了，她一生大部分时间都在研究印度艺术，曾经是费城博物馆（Philadelphia Museum）艺术部门的负责人。我们逐渐熟悉起来，经常聊上很久。她向我解释了印度神庙的重要意义：

"寺庙是有生命的，一个印度的萨帕迪必须是一个瑜伽修行者，这样才能感受到他工作中每种东西和材料的气息。神庙建成后，要举行献祭仪式，其中有一步是普兰·普拉蒂什塔（*pran pratishtha*），要给原本无生命的物质注入生的气息，让它活起来。"

我永远不会忘记她的这一发现。从那以后，我对建筑精神方面的研究兴趣与日俱增。我相信，形式、结构、表皮、材料、密度都很有价值，但如果建筑必须成为有生命的实体，它们必须彼此和谐地联系在一起；就像新的生命诞生。

　　一旦这种情况发生，就会寂静无声。抽象的行为以及它们之间的相互反应形成了能量场，让灵魂进入神像，获得神性。印度教建筑以这样的方式运作，这就是 *vastu*——万物皆生，万物皆相关，万物皆和谐。当所有的关系都以正确的比例组合在一起时，那就是创造。

我曾经在希兰纳德·斯瓦米（Shilanand Swamy）宣布放弃对 Dhuniwale Baba 教派的领导后问他，作为一名建筑师，如何才能既做一名优秀的建筑师，又当一个快乐的人。他的回答很简单："要把每座建筑都设计成神的殿堂。"

一个人在移动中，身体是动态的。如果手里拿着东西，既要往前走，又要保持平衡，他就会注意自己的每一步。不停转动，上下移动，行进的过程是有节奏。这个人开始觉察到自己的脚、自己的手和手中的东西，身体、眼睛、呼吸和移动之间要实现完全的平衡。

这个人走过第一道门槛，四肢接触着不同材质产生的不同温度，从整体上融为对身体的影响，耳畔响起钟声，触摸到厚重的金属，敲起锣，听到"嗡"的一声响，诵经声穿透人心。这些，就是我在设计桑珈时的想法。

在那里，人们如果像照相机取景一样环顾四周，可以看到柱子、雕塑，可以看到各种想法的呈现。精神思想支配着人，让他在精神上陷入潜意识。在缓慢的移动中，人的敏感度逐渐提高，能够感受到光线最微小的变化。一个人在黑暗处，献上花环，触摸神像，他好像被传送到了另一个世界，失去对肉体的感知，开始诵经，闭上双眼，静默出神。

我记得，康从昌迪加尔回来的时候，看上去十分安静而专注。我问他怎么啦，他回答："如果有谁能把梦想冻结，那就是勒·柯布西耶。我是在议会大厦感受到这一点的。"他接着说："我从没见过有人找来那么多种元素放在一起，还用了那么不一样的方式，创造出意想不到的体验。向上翻的柱廊，与平常的坡顶廊子产生对比，议会大厅上方的冷却塔，顶部被削掉一截，还有内庭院，变成了部长论坛，这些都是绝妙的主意。我希望有一天我也能这样做，创造这样的体验。"

在为什里亚斯基金会（Shreyas Foundation）设计校园时，我与基金会创始人莉娜·曼加尔达斯（Leena Mangaldas）作了一番讨论，我意识到，学习并没有空间和时间的界限。我们的反应塑造了我们的生活，学习同时发生。如今的 CEPT 校园和它在种种资金限制的条件下不断生长的状况，让我认识到逐步扩展扩大的重要性，也了解了每种新学科鲜明的个性。

由此，校园显得比较松散，允许每个新的教师有足够的扩展空间。同样，教师和学生之间的循环往复，也让每个人都意识到不同学科之间的内在联系，同时也对整体环境有所考虑。

阿尔多·凡·艾克曾写过："房子是小城市，城市是大房子。"CEPT 校园也同样是一座大房子和一所小校园，让每个人都意识到身处其中的角色。

在印度管理学院班加罗尔分校和勒克瑙分校（IIM Lucknow）中，我又加强了这一概念，将不同规模的院落与不同的学术活动结合起来。我创建了边界清晰、半开放的绿廊，把它们连接在一起，略微限定了行进的模式。功能、移动、自然的整合和同时容纳多种活动，成为班加罗尔校园的显著特征。

为中央邦电力委员会（Madhya Pradesh Electricity Board）在贾巴尔普尔（Jabalpur）设计总部是一个不寻常的挑战。与大多数项目的平坦地形相比，这里的场地如此起伏，有很多巨大的石块。我们必须在巨石和陡坡间见缝插针，布置场地的交通路线和几十个建筑体块，以形成一座大型行政综合体。

董事会各个行政部门那种等级森严的职能分类，还有不可预测的增长，都需要一个自给自足但能独立成长的园区组织。我必须想出一种方法把这些都连接在一起，它好像是一簇植根于地下的植物，但生长的过程又必须有自由的呼吸。

随后，使用当地的石头作为建材，采用八角形的办公大楼等想法陆续成形，不同的高差和平台为扩建提供了空间。结果这里后来成为周边居民生活的一部分，有大会堂、餐厅和结婚礼堂，新建的大型水系环绕四周，使它成为这座城市居民最为热衷的市中心。

他们说，星星以不可预知的神秘方式影响着我们的生活。

我接受过的最大挑战，承担的最艰巨的项目之一，就是设计位于孟买班德拉库拉综合体（Bandra Kurla Complex，BKC）的巴拉特钻石交易所（Bharat Diamond Bourse）。

为了分担项目任务，拉吉夫和拉迪卡（Radhika）与我合作。来自德里的国际知名结构工程师马亨德拉·拉吉先生和同样知名的暖通空调顾问普雷姆·然（Prem Jain）博士，还有来自班加罗尔的Sanelac顾问公司同意组成一个团体，共同提供专业建议。

印度钻石贸易团体是全球钻石行业中最有进取心的引领者之一，当时分散在孟买若干不同街区。为了整合工作需求并共享设施，他们决定在一个 20 英亩的园区内新建一处能容纳其 4000 个成员的交易所。他们的任务具体化为建设一处独特的综合体，吸引世界各地的交易商，并增强他们在全球钻石贸易中的影响力。

它将是一个领先时代的高科技综合体，提供 3 万人的工作场所，及可停放 3000 辆车的停车场，还设有银行和海关所需场所，并要确保环境非常安全。对我来说，挑战在于展示一种全新的城市设计方法并创建未来的模型。

我以前从未承担过这样的任务。由于项目建在孟买的中心地带，这意味着这个建筑的面积要控制在允许范围内。30 多万平方米的空间要容纳将近 4000 个独立的办公室，面积从 25 平方米到 1000 平方米不等。整个项目从设计到建成需要控制在 4 年的时间里。

我回想以前做过的所有工作，回想我曾经考虑过的所有问题。包括为穷人工作，在更大的环境里为机构做的设计，寻找个人和群体身份的定义等等。然而，我还要告诉自己，为富有的钻石商人设计办公室和钻石交易所，需要考虑的问题与那些项目完全不同。

我突然想到，钻石从性质到形状上都是晶体。从这一点出发，我构思了一排晶体状的 12 层多面体塔楼，呈东西向排列，相互平行，以适应不规则的场地形状。大楼朝北，每一间办公室都能获得无眩光的日光，节省了照明成本，也能拥有一览无余的视野。

考虑到 BKC 项目整体占地 296 英亩，同时还将兴建许多类似的商务和研究机构的建筑，我们说服当地政府重新为所有地块设置人行道路，在园区形成绿色交通网。我们还经过研究，提议增设咖啡厅、购物和娱乐设施，服务 BKC 的数万名工作人员和来访者。

在将近四年的时间里，我们夜以继日地为这个项目工作，以实现所有这些目标。不幸的是，团体成员之间对设施及所涉经费问题产生了误解，导致项目陷入停顿。由于找不到解决方案，负责该项目的几个委员会最终解散了。当时交易所的大楼已经完成近70%了，其余建筑所需的大部分材料也都采购完毕，然而，我们不得不痛苦地与客户分道扬镳。

　　我和我的顾问团队一直在为这个项目而奋斗，但他们希望能够向前看，不要再为此拖延下去；所以我们决定接受客户的建议，放弃了一大笔逾期未付的费用。我们每个人都因已经开展的工作蒙受了巨大损失，我们的梦想也戛然而止了。

　　我们在桑珈的办公室为这个项目雇了员工，买了设备，使之能够达到全天候、日日无休运转，而且多专业齐备的程度。因此，终止合同让我们负债累累，办公室不得不迅速改变运作方式。我只得让几乎所有干了几十年的资深同事都准备自谋生路，我会逐渐减少他们的工作时间，直到他们自己找到了满意的出路。他们理解了，在接下来的几个月里离开了。

看到几乎空无一人的办公室，我又想起了达达，他的一生，和他给我讲的《摩诃婆罗多》的故事。我回想这些故事教给我的东西，也常想起卡纳的一生。失去了我曾经赢得的一切，我也感到了达达曾经感受过的痛苦。

　　桑珈如此沉寂，再不像往常那样充满

工作、生活和建筑的快乐。

　　好在时来运转，洞穴画廊这个项目出现了，桑珈迎来了崭新的生活，就好像获得了重生。

　　我想把钻石交易所的项目抛到脑后，深入探索建筑的精神和体验，而不是像以前那样仅仅做个设计。因此，我从提出建筑的意义和目的这些基本问题做起。

我下定决心，人们应该能够在建筑中体验欢乐，颂扬生命。它必定会影响我们内在的自我。它不能只是被单独划分成光线、表面、支撑系统或某个独立的元素。

　　一个好的设计能够把楼板、墙体、顶棚整合为统一的整体，成为一个有机的空间，就像斯特拉·克拉姆利奇博士所说的那样，很像一个活生生的人，其内外空间应该是提供生命能量的来源。

我永远无法确知，我该如何估量空间或时间的感觉。桑珈的灵魂像在流淌，我无法握在手中，也无法触摸它。但每当我身处其中，我的身体都会感受到一股电流。对我来说，桑珈可以是工具，可以是在使用的东西，但不能用来交换。它独特的形式及并不固定的内容，创造了它自己的尺度，难以度量。

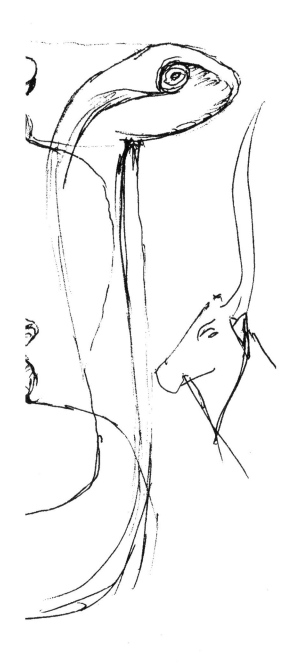

　　我觉得，我的洞穴画廊已经非常接近这样的建筑了。项目最初的名字是侯赛因－多西画廊（Husain-Doshi Gufa），当时我和 M. F. 侯赛因已经认识了 30 年了，他是现代印度最重要的艺术家，我们当初是在甘万特·芒加尔达斯（Gunvant Mangaldas）家认识的，那是一位前卫艺术收藏家。

　　我们谈论了一些事情，也谈到艾哈迈达巴德的天气，还有从建筑上解决气候问题的最好方法。我们当时就得出结论，地下空间在应对气候和其他很多问题方面都很有用。如今，侯赛因回忆着那次讨论，让我设计一个地下空间用作画廊。

我们决定叫它"Gufa"，字面意思就是"洞穴"。我们认为这个项目也可以展示画家和建筑师之间的合作。侯赛因灵活、自由的精神和非传统的态度需要一个挑战；而我想要把 35 年来的工作经验融入其中，也想让它成为下一个人生阶段的标志。

侯赛因和我提出了种种问题：为什么墙必须是垂直的？为什么需要基础？为什么屋顶就得是平的？为什么要遵循常规的施工方法和技术？因此，我们期待为画廊创造一个极其不寻常的空间和建筑。

在数以百计的草图、图纸、木头或黏土做的推敲模型之后，构思终于显现了，连续的曲线的地下空间中，光线从顶部的开洞弥漫而下，照亮了弧形的墙面和地面；倾斜的柱子时而扭曲，时而交汇，好像是山羊的腿，歪歪扭扭地保持着平衡。洞穴，让人体验到了一个全新的世界。

随着太阳的照射，曲面的墙体，无论内侧、外侧的表面都在不断变化，而产生不同的体验。这让人渴望摆脱所有束缚，感受自我。双眼转动、休息，沉思，再阖上眼睑概括领悟。身体放松了，变得更为轻盈。为了增强项目中的体验程度，我写了一个皮泰拉·巴巴（Pithora Baba）的故事，它是部落神和毗湿奴的神龟俱利摩的化身。

反过来，就好像是为了召唤毗湿奴的希需那格（Sheshnag）——神话中支撑地球的眼镜王蛇，侯赛因画出一条眼镜蛇，让其缠绕四周，把所有穹顶连接起来，但是一条无头的眼镜蛇。他又让我给眼镜蛇贴上黑色马赛克，这样，我们就既表达了部落传统，也显示了婆罗门传统。

　　我很想在这里再加一个例子，说明创造力的确来自挑战。我相信，越是不同寻常、越是高要求的挑战，得到的回应就越有创造性。

　　到了画廊已经准备齐全，可以开始展示艺术品时，侯赛因带来了一幅画布，但因为不能把它挂在弯曲的墙上，他就四处走动，观察连续表面的动态和从天窗射入的阳光的轨迹，然后他画出一条独特的线，从一端延伸到另一端。这揭示了如何因视线的移动而将难以了解的空间呈现出来。

　　几个月后，来了辆卡车，车上装满了涂成黑色的胶合板人像剪影，每个几乎都有 250 厘米高。他把这些放在经过设计的位置上，加上一些聚光灯，在墙上和地面上形成阴影，就好像他在用光和阴影作画一样。从那一刻起，洞穴就达到了它的目的。

　　然而，对侯赛因来说，洞穴还缺乏足够的空间来展示他的画，尤其是他最大的作品《推理》（Theorama）系列。为了给它创造一个空间，又增设了两堵与洞穴相连的平行的墙，还有一个临时的帆布屋顶。它后来也成了一个永久性的画廊，以侯赛因的朋友、美国艺术收藏家切斯特·赫维茨（Chester Hurwitz）的名字命名。

几年后，入口被前移，朝向主要道路，增加了一个小办公室和一家咖啡店。如今，这里已经成为一个市政综合体，真正的洞穴画廊，各个年龄段的人都能分享他们的快乐，孩子们喜欢在各种各样的斜坡上滑来滑去，有的人则对盘踞在圆顶上的希需那格特别感兴趣。

在洞穴画廊项目之后不久，我又得到一个任务，可以进一步延伸对动态空间的有趣探索，这个项目是位于德里的国家时尚技术学院（National Institute of Fashion Technology，NIFT）的校园设计。NIFT 的主任拉蒂·杰哈（Rathi Jha）曾因为工作到过国家设计学院，听说洞穴画廊后，就过来参观，她非常喜欢这些，向 NIFT 的主席普普尔·贾亚卡尔（Pupul Jayakar）提起我，贾亚卡尔就打电话给我，问我是否愿意来设计校园。

当时，印度正着手在现代时尚和服装行业树立自己的品牌。我必须说，时尚在某些方面是没有限制的世界，它可能与文化、时间和空间产生无限的联系，就像有无限的可能性去重新诠释时间、空间、传统和风格一样。我清楚地看到，这个项目是一个创造建筑的机会，能够作为时装设计师在设计中表达不同时间、空间和风格的背景。

　　我设计了一个中心庭院，作为对 kund（一种常常设在寺庙旁的水塘）的重新诠释来强化内部的探索，并放大从庭院向外望时的多方向视野。在这里，中心庭院是由建筑组团定义，它们都是一个更大整体的组成部分。每个部分都有显著的个体特征，并充当外部世界和内部世界的连接者。

　　为了解释我的方案，我先写了一个故事，讲到有一个村庄，完全围绕一处有奇妙治疗效果的神圣水塘而建，几百年后，村庄已被现代的发展分割、打散，任由大自然变幻莫测地改变，直到 NIFT 出现了。故事还提到，环绕中央庭院的建筑体量，就好像是从前村庄里那些环绕水塘的房屋，如今已被赋予新的功能。

　　巧的是，当这个关于"圣水"的神话在校园的落成典礼上被讲起时，学校董事会认为故事是真的。他们就问："我们为什么不能卖这圣水呢？"当我告诉他们这只是我编造的故事时，他们都不知道该说什么好！

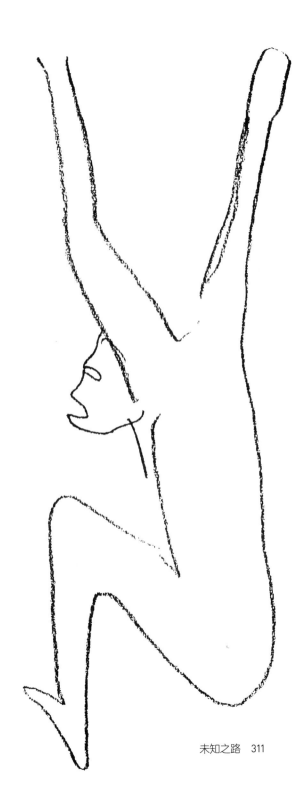

建筑

是一种痴迷，

你越老，越成熟，

那是一种联姻，

实现客户未能言说的

实践，

是一生的投入，

你的作品就越好：

把一个人的创作冲动和

梦想结合到一起。

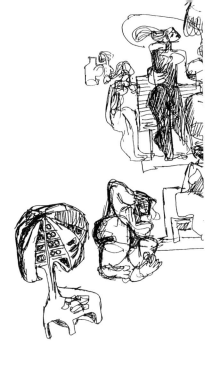

　　我有幸在城市规划、城市设计和建筑等各个层面工作过。我也很幸运地生活和工作在艾哈迈达巴德，为一群富有远见的客户服务，在独立后的印度，他们是最善解人意、最慷慨、最富有冒险精神的客户。在选择建筑师或设计师之前，他们可能会提出十几个问题，可一旦选中了建筑师或设计师，就给予他完全的信任。这样，艾哈迈达巴德才能让人体验到文化、社会生活和追求未知之间的和谐共生。

　　艾哈迈达巴德是一座古老与现代并存的城市。它的人民习惯了在个人生活上节俭，而对公共机构慷慨地奉献时间和金钱。他们非常务实，但如果他们认为新事物对未来有好处，就会支持它。

　　城市的富有源于市民与工业、文化领袖之间的合作，这些领袖在当地被称为马哈詹（mahajans）。尽管当地缺少煤炭、棉花，也没有适合的湿度，但他们通过自身的聪明才智，合作孕育并建成了纺织工业。

　　艾哈迈达巴德古城到处是雕刻细致的木建筑，就像精美的珠宝盒。然而，正是在这座城市里出现了最具开创性的现代建筑。艾哈迈达巴德拥有柯布西耶的四个作品，分别是桑卡肯德尔（文化中心）、艾哈迈达巴德棉纺织协会（ATMA办公楼）、萨拉巴伊别墅和肖特汉别墅，当然，还有路易斯·康设计的IIM校园。在这里，人们可以体验到财富和文化之间的良性互动。

柯布西耶通过自己在昌迪加尔和艾哈迈达巴德的作品，让全世界关注到印度和印度设计委托人。它打破了束缚时间和文化的魔咒，突然地闯入未知地带，打开了意想不到的大门，培养了新的希望。

柯布西耶和康在艾哈迈达巴德的项目，持续不断地吸引许多印度和国外的著名建筑师、规划师来这座城市参观。这些作品进而又影响了城里的几个新项目，继续吸引着世界各地的学生、学者、艺术家和建筑师。

他们的行程总会包含CEPT大学校园，他们在那里举办讲座，与老师和学生讨论，这些访客丰富了城市的教育和专业氛围，从而也有助于整个国家在建筑和规划领域跟上国际发展的步伐。

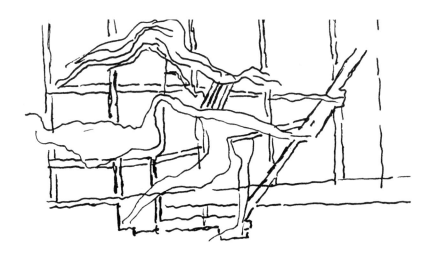

我生活在矛盾中，因此，总是在努力限定范围，寻找安全感，在周围筑起高墙，然后又尝试用门和窗来打开它，看看外面或走出去。我的选择，是同时进和出。

有意识和无意识地被拉到过去和现在，经常接触东方和西方，都丰富了我的实践，我努力将两种截然相反的方式的优点结合起来。印度村庄的蜿蜒街道和步行尺度不得不与高速的车行交通相适应。

　　清晨和深夜，在庭院里，在树荫下，在平台上的宁静生活，必须与电视和摩托车的声音相适应。同样的，大家庭和社区之间的社会经济交往，也要用没有人情味儿的信用卡或电子银行来处理。

我总喜欢用最少的资源，和在最少的制约条件下工作。我把它视作挑战，会带来非常有创意的方案。有限的资源使我们产生非凡的创造力。资源的缺乏、经济上的不确定性，以及缺乏持续发展，把我们引向一种在布局和表现上都能暗示我们今天生活模糊性的建筑。

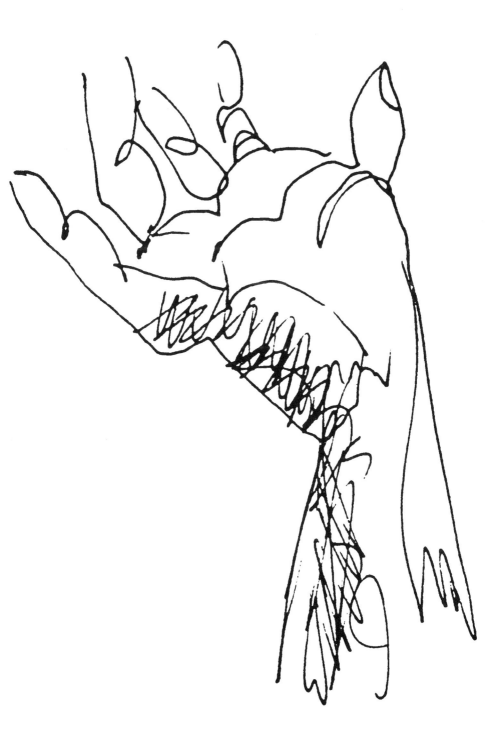

当我们开始在卡尔加尔,以及海得拉巴的赛博拉巴和查尔米纳尔区开展工作时,就很关注这个问题。我们从对可持续性和以人为本的相互关系的全新理解开始,业务涵盖了从普通住宅到大型新城等不同范围。

对我来说,每一个项目都是一颗有潜力的种子,经过全面的研究,每一个项目都能有一个比最初要求的效果更好的方案。干旱、荒芜的土地,有凝聚力的小镇瓦解为新的孤立且不和谐的开发项目,是我们关注的问题。我们的方案成为进一步的发展。

我开始想起我的古鲁,勒·柯布西耶和达达——我的祖父,他喜欢谈论宇宙星系的价值。相互联系的层级使我们意识到不同规模的开发各有各的优点,要尽可能减少移动,让活动多样化,以节省时间和精力。

我自己没有意识到,所有这些问题都重新激发了我一直以来给自己提出的基本问题。这些都是永恒的问题,与所有生命形式的意义和目的以及它们的物质、社会和精神需求有关。

随着时间的流逝,我越来越多地想起拉斯克拜提到的四个词:*vikas*、*vistaar*、*kshobh*、*drav*。他把这些解释为:某种东西开花,就会扩张;之后会产生搅动,最终融化和蒸发,循环再次开始。

如果我也这样理解这些词汇,我在凯拉什寺和米纳克什寺的精神体验帮助我看到了有限和无限之间的统一。我经常思考,作为一名建筑师,我是否可以设计一个能提供这种体验的空间。幸运的是,一个机会出现了,我能够设计一个小庙,献给"母亲"——奥罗宾多修道院(Aurobindo Ashram)的精神领袖。

我清楚地记得，几十年前，我曾经去过奥罗宾多修道院。那是本地治里（Pondicherry）的奥罗宾多先生的三摩地，我在那旁边闭上眼睛，静坐沉思，空气中弥漫着三摩地大理石平台上的花朵散发的芬芳，而焚香的味道又为它增加了一层香气。

突然，我摸到自己的额头，一阵战栗，然后意识到沉默与平和的价值。我远离后来的祈祷者坐着，看着虔诚的信徒静静地爬上爬下，感觉就像在看一部无声电影。那柔和的、近乎神圣的阳光让我意识到我的双眼，长时间的静坐让我意识到身体的所有部位。

当我开始设计构思古吉拉特邦玛塔尔（Matar）的"母亲"神庙时，我回忆起这段经历。我能不能创造一个空间，引导来到这里的人的精神体验？我以前从来没有问过这个问题，因为从来没人认为这是建筑师应该关心的问题。

建筑不仅仅关乎我们使用的材料或者我们作品的大小和规模。建筑真正重要的是过程——从到达一个空间或建筑开始，到以一个安静而满意的离开作为结束的过程。不是说要在空间中发生什么重大的活动，而是要有体验的氛围。我问自己，该如何在建筑中实现这一点。

我参观过万神庙，那是一座没有神像的神庙，由哈德良（Hadrian）设计。虽然一开始从街上看，它显得平淡无奇，但进去以后，它的室内就把我惊呆了。其规模、比例、体量，特别是穹顶上的洞投射下来的天光，使万神庙成为一个神圣的体验。

我站在那里，盯着那束光看了将近一个小时，仍然无法移动脚步，从其中穿过。我好像着了魔，只想一直观察光束在空间中运动的轨迹，观察许多影子在墙上的表演。我这时明白了，这些寺庙，这些伟大的建筑，讲述的是时间，它的流逝，它的循环，以及永恒的维度。

在玛塔尔的马特里庙（Matri Mandir），我试图创造一种类似的体验，在完全不用图像的情况下创造纯粹的体验是一个相当大的挑战。对我来说，这可能是只能体会到光的细微变化。考虑到预算很有限，我首先设计了一个圆锥形的空间，在顶端开了一个小口，从开口处有一束光照到"母亲"的遗物上，这些遗物被供奉在一个圆形大理石台上，装饰着鲜花。我在石台的周围为奉献者提供了可以坐下来冥想的空间，只有静谧和光线与他们为伴。

这里，我要引用古吉拉特邦受人尊敬的诗人，也是这个项目背后的主要推动者桑德拉姆（Sundaram）所说的话，当时卡玛向他问起这个设计中的圣坛，他回答说："卡玛，这里什么都有，圣坛、光芒、鲜花。你所要做的，就是安静地闭上眼睛，场景将慢慢浮现，接着就能体会到。你所需要的只是信任和信念。"

很可悲，如今的寺庙早已沦为低劣的典礼场所。朝圣者来到这里，就好像是去赶集，僧侣和帮忙照管教务的人都是为了谋生，就好像做这些都是苦差事，而不是为神服务。

对我来说，我们参观的每一个地方都应该是一个发现的所在，既包括对这一空间而言，也包括其中体现的各种事物。我们的学习和觉

醒是同时发生的，既随机又有规律。选择是自发做出的，是冲动在支配我们的行动。在这样一个地方，建筑如同一个大规模的考古遗址，有的藏在地下，有的在上面，不易捕捉，如同废墟。过客来到，初时只是对表面上的东西匆匆一瞥，及至进入内部，又会感到神秘。我们有机会，或驻足，或略过，寻找不期而遇的东西。

在寺庙群中，这些寻觅是我们的宝藏，不断唤醒我们身体的不同细胞，最终连接在一起，成为我们能带回家的体验。这段难以言表的旅程，以及我们心中的记忆，就是那座寺庙的故事。

所有这些经历的回忆和想要重新创造它们的努力，使桑珈成为我最好的作品，它概括地表达了我所到过、生活过和工作过的地方的经历，我所有的记忆都在里面。桑珈完全成为我生活的一部分，不仅是我工作的地方，也是我个人生活的延伸，这一点显而易见，因为我每个女儿的婚礼都是在这里办的。

我觉得，桑珈的婚礼与我在浦那时参加的那些欢庆很像，那时，达达的家具作坊和我们的祖屋在空间上就是一体的。我们家离桑珈不远，两者之间是 CEPT 的校园，每天步行或开车去学校或者桑珈的行为，让我想起童年时去达达的工作室和附近寺庙的经历。

我现在已经和当年的达达差不多老了，当我第一次感受到周围的世界时，我试着透过他的眼睛去看我的生活和我自己的家庭是如何成长的。现在，我们家大约有 40 名成员，分布在五六个城市，有十几个小家。奇怪的是，我发现我自己的孩子在某种程度上也遵循着同样的模式，想要摆脱束缚，做他们自己认为正确的事情。

我们的大女儿泰加尔在 NID 读书时遇到了她的丈夫——吉夫·潘萨基（Geev Panthaki），那是在建筑学院举办的舞会上。他是帕西人，当时在圣泽维尔学院（St. Xavier's College），学的和建筑没有关系。我们的二女儿拉迪卡，从 CEPT 毕业后，在新德里遇到了她的丈夫拉吉夫·卡特帕利亚，一个旁遮普人。我们的小女儿玛尼莎是个艺术家，嫁给了她的老师瓦苏德万·阿克希姆，一个马来亚力人（Malayalee），当时她在瓦尔道拉（Vadodara）的美术学院上学。我的外孙女库什努毕业于 CEPT，是一名建筑师，她嫁给了在桑珈遇到的德国人桑克·胡夫（Sönke Hoof）。另一个外孙女杰西卡（Jessica），嫁给了文尼特·耐尔（Vineet Nair），他有一半马来亚力血统，一半古吉拉特血统。

这些多种语言、多种民族的婚姻，把我的整个大家庭聚集到一起，提醒我在家中承担着达达的角色和地位。由于我是家里最年长的，所有的庆祝活动都在我家和桑珈举行，沉浸于树木、鲜花和喷泉之中，生命因分享欢乐和相聚时刻而繁茂。仪式和庆典是我们家庭联系的纽带；寺庙和厨房是我们家的基石。

做钻石交易所项目期间，我曾花一半时间留在孟买。那时，看着这个城市混乱的交通网络，看着在多层商业中心旁边不断生长的贫民窟，我常常想知道在内陆地区还有一半更为贫穷的人是怎么生活的，也想知道我们能为这做点什么。

我记得柯布西耶说过"与自然立约"。作为建筑师和规划师，有没有办法重新制定我们的任务？我们的实践不应该同时建立在宏观和微观两个层面上吗？我们不应该扩展注意力，致力于多学科的实践吗？为了实现这一点，1992年我邀请拉吉夫和拉迪卡——他们原本都在独立执业——共同创立了一家新公司，取名为 Vastu-Shilpa 咨询公司，铭记莫塔拜对这个名字的含义作的解释。

　　同样的工作，再做时我总是试图找一种不同的方法。可能是关于结构的，或是服务的，或是材料的，或是技术的，或是最终表达的。我一直在寻找这些。我的过程开始于一些我已经知道的平凡的事情。

例如，我女儿玛尼莎的房子，一开始只是一个两边共用墙壁的普通联排住宅。然后我看了看自己房子的一半，当成联排住宅来看。所以，我研究了自己那一半房子，开始把它作为联排住宅进行探索。

　　慢慢地，我自己的房子经过转换，成了玛尼莎的家。我家的四根中心柱被改成一排，房子夹在两棵芒果树中间。这个过程中确实经过很多的改造和返工。最后，这所房子有了自己的特点，变成了一个与我家截然不同的家。

　　然而，我花了三年时间才达到可以开始建设的状态。我相信，要尽我所能做到最好，不计时间、精力和成本。老有人对我说，我花这么长时间完成项目——比如做这个房子，用了三年——该活不下去了。我的回答是，我的生命，也就是我的时间，本身没有经济价值。对我来说，有价值的是做好一件工作所带来的快乐，我追求的正是这个。

至于人怎么能真正珍惜生命中的时间，巴克敏斯特·富勒告诉我的是最好的回答。有一天晚上，在我家，我问他："巴基，告诉我，你是怎么想到球形穹顶、Dymaxion 汽车和其他那些发明的？"

　　巴基说："我在海军当过工程师，退役后回到波士顿，进了我岳父的建筑公司。但我做不到别人要我做的事，大家都觉得我是个失败者。我结婚了，有两个孩子，日子过得很苦，那阵子我老把自己关在房里冥思苦想。"

　　"有一天，我意识到，美国人的平均寿命是 42 岁，而我当时正好 42 岁。我告诉自己，从某种意义上说，我可能已经死了。突然，我告诉自己，既然我已经死了，就不是为任何人而活了，我自由了！为什么我不能做一些完全不同的事情呢？我就是这样开始了我的新生活，在生命剩下的时间里，我有了新的想法、新的视角。这就是球形穹顶和其他东西发生的来历。"

　　我把这件事告诉路易斯·康，他说："巴基是个伟大的人，我们是多年的好友了，"然后他说，"有一天我在纽约第五大道碰到了巴基。他穿着没有鞋带的鞋子，夹克上也没有纽扣。那是在大萧条时期，我停下来问他近况如何。他说，'太好了，不能更好了。我的 Dymaxion 汽车已经准备好了，但我找不到人来造它。可是，卢，你好吗？'我说，'我刚刚又丢了一个费城的委托，要不然就没什么不好了。随便逛逛，想想'。"

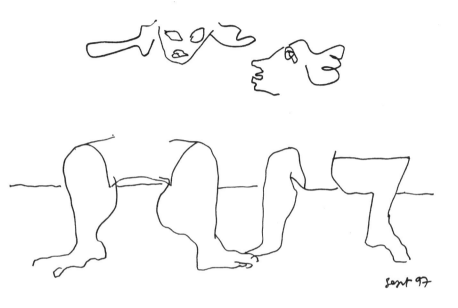

　　这些人让我想起了海兰·高斯（Hiren Ghose）医生，他是脊椎按摩师，也是奥罗宾多先生的信徒。他的生活与众不同，完全不在乎明天，只是全心全意地帮助穷人。我问他，为什么能如此无所畏惧，他说："没有什么工作是没价值的。你只需要做你想做的，其余的交给神，神遍布你的身体和精神，他将为你供奉。如果你做了正确的事，你就永远不会挨饿。"我在科代卡纳尔（Kodaikanal）附近的维勒帕蒂（Villepatti）时，经常看到高斯医生和他的妻子——著名的舞蹈演员罗尚·瓦吉夫达尔（Roshan Vajifdar），他们好像从来没有储存过任何食物，但也从未挨过饿。

"没有比直觉
更伟大的导师。
所有其他的学习
都对身体有益，
但对精神无益。

直觉和梦想描绘出
我们的精神存在，
因为它们是从源头
迸发出来的。"

我们日常的焦虑和关注是如何阻碍我们展望未来的，我们是如何不知不觉地被日常的琐事困扰的，都不是深奥的谜团。如果我们也像巴克敏斯特·富勒那样，当作自己已经死了，会不会做出一些不寻常的事情，一些我们只在梦里想过的事情？和侯赛因一起设计洞穴画廊给了我一个机会，去思考我曾经梦想过的建筑。也许，这就是我的转世，没带着任何过去的包袱。

从家里走到 CEPT 校园和桑珈，让我能反思自己的生活和城市的生活。我想起我读过的《吉达》，其中的课程提到我们应该对社区负有怎样的责任和义务。

看到街道日趋嘈杂，空气污染，噪声污染，人群拥挤，缺乏关怀，忽视公共空间，这些都让我不寒而栗，甚至，我们对自己也变得越来越冷漠。正在这个紧要关头，天意带我参观了奥罗维尔（Auroville），那是一座 21 世纪的黎明之城，由"母亲"设想，建于本地治里附近。

对这座城市的设想，是一个在没有任何货币经济的情况下与自然完全和谐相处的社会。他们已经做了一件令人钦佩的工作，把干旱贫瘠的土地变成了我们今天看到的水草丰美的世界，已经建成的社区同时注重内在和外在世界，能够用同情、分享、尊重、宽容、感激实现平衡。这里尽管很小，却尽力实现了"母亲"的愿景。

参观奥罗维尔，重新引发了我一直以来提过的许多问题。我记得我的旅行、见过的人，以及我观察到的人类创造的奇迹，但我也想知道我们该如何，到哪儿，去走这条新路。我们能在不与自然和谐相处的情况下继续扩张吗？甚至都不用花时间检查我们做得是否正确？为什么我们如此重视外表和形式？为什么那些赋予生命深层意义的过程要被放到次要地位呢？

我们的城市能否从内部获得活力，并学会从外部充电？为什么我们的教育系统不能开发出工具来创造一个自给自足的社会？

也许 CEPT 具有这种潜力：如今，它已成长为一棵大菩提树，但还需要成为罗宾德拉纳特·泰戈尔（Rabindranath Tagore）希望圣地尼克坦国际大学（Santiniketan）能成为的"森林大学"。也许它应该致力于培训赤脚建筑师，重新思考对历史书籍的研究和其他促进增长的想法，但不要质疑增长本身的目的。

我相信我从这些经历和教训中学到了很多。我学会了不害怕追逐自己的梦想，不害怕冒险，不害怕随时走出自己的舒适区，不要自满。我从这些人身上学会了如何不去理会障碍和失败，将它们转化为美德。

这让我想起了另一件和柯布西耶在一起时发生的事。有一天，他参加了一场马拉松式的关于南特公寓（the United d'Habitation at Nantes）的会议，回来后，他似乎很沮丧，但又很严肃。

我们问他关于会议的情况，他说，"委员会想把项目委托给我，条件是我要改变厨房和其他房间的层高，还要修改管线布置。我告诉他们，'先生们，我宁愿放弃这个项目，也不愿做那些改动。'"泽纳基斯于是问道："先生，那你现在怎么办？"柯布西耶只说了句："以加倍努力工作来报复。"

当现场工程师 K. M. 坎塔瓦拉从结构的角度出发，要改变桑卡肯德尔博物馆外立面非承重墙的特点时，我想起了这件事。我拒绝使勒·柯布西耶的设计做出让步，然后辞了职。

接下来的 10 个月，我只有肖特汉别墅这一个委托，每月只有 125 卢比的收入。因为结肠炎去孟买看病是笔开销，房租要 65 卢比，加上刚刚结婚，这一切都意味着一段艰难的日子。尽管如此，我也准备好了接受挑战，我坚持我的立场，让建筑师的决策得到尊重。坎塔瓦拉最终认可了我的立场。"仗打赢了。"我想柯布西耶会这么说。

回首过去，我意识到，在那个时代，倡导现代建筑，做一个现代建筑师，无论是什么风格，都不是一件容易的事情。

还有一次，在 ATMA 大楼的落成典礼上，首席嘉宾、古吉拉特邦首席部长莫拉尔吉·德赛（Morarji Desai）看到裸露的混凝土、独立设置的卫生间和楼梯体块，似乎非常惊讶，甚至可以说是震惊。他说："这就是现代建筑的全部吗？把内部器官暴露在外？"

我清楚地记得我在欧洲时听到的关于毕加索画作的类似故事。为了转移客户和项目执行人的争议，我就决定编点离奇的故事，这样就没人会追究勒·柯布西耶建筑那空旷的空间和宏伟的尺度了。

例如，对于桑卡肯德尔项目，我会说："你知道吗？市政公司实际上想让柯布西耶设计一个牛奶场，这就是为什么要做个斜坡，好让牛能走到主要楼层。夹层是用来储存饲料的，屋顶上的方形洞口，是用来把饲料撒到地板上的，牛会住在那儿。这也就是为什么房子的外观如此简朴的原因。"

想出这样的故事又讲给别人听，在某种程度上是在诋毁我导师的工作，但这是我不得不戴上的面具，以抵御那种对我所代表的全新建筑形式的公然敌意和谴责，这种感觉有点微妙，但又不是那么微妙。我只有和少数人在一起时才觉得舒服，这其中有卡斯图尔拜、维克拉姆·萨拉巴伊，还有很少一些了解新时代精神、了解艺术和建筑需要呈现新的表现形式的人。

要说这些项目多么具有开创性，我大约在一年前再次见证了它们的重要性。来自美国的建筑师弗兰克·盖里（Frank Gehry）要和汤姆·普利兹克（Tom Pritzker）在艾哈迈达巴德停留几小时。

拉吉夫·塞蒂——我和他认识很多年了——从德里打电话给我，说盖里想看看 ATMA 大楼，也想见见我。为了节约时间，我能直接在那儿见他吗？这能行吗？要是这样，我在那儿见到他们，就能再带着他们四处看看，盖里告诉普利兹克："这是建筑的源泉，我是来表达我的敬意的。"

所以，不管当时的人怎么说我所支持的建筑，我知道我走在正确的道路上，那时我对我的生活和我自己都非常满意。我现在知道了，我所冒过的所有风险，走过的每一条未知之路，都是值得的，我从工作中获得的快乐是让人难以置信的。

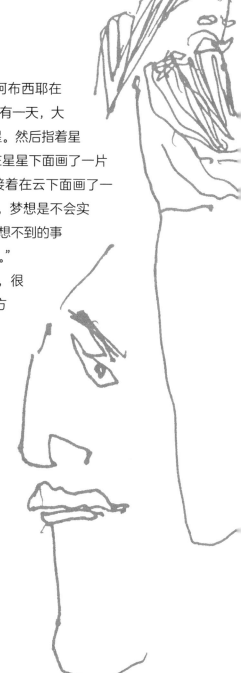

　　我觉得自己走的很小心，就像柯布西耶在巴黎的工作室里警告过我们的那样。有一天，大家都聚集在他周围，他画了一颗星星。然后指着星星说："这是你的梦。"然后，他又在星星下面画了一片云，说："梦常常会蒙上阴影。"他接着在云下面画了一把刀，说道："记住，不去克服困难，梦想是不会实现的。你必须时刻保持警惕，想到意想不到的事情，只有这样，你才能实现你的梦想。"

　　在 20 世纪 50 年代，很多时候，很多人看待现代建筑和现代建筑师的方式，都让我感到很不安。也确实发生了令人不安的事情。

　　我记得很清楚，有一次，不满已经超出了咒骂。一天，我陪着卡斯图尔拜和他兄弟那兰坦拜（Narottambhai）去刚开工的印度管理学院工地。那时候，当地的砖很差，泥瓦匠的水平又不高，砌筑砖墙的品质很难让人满意。

卡斯图尔拜和我注意到这一点，正在讨论其根本原因和如何处理。那兰坦拜原本离我们有些距离，在一个可以被称为错误的时刻过来加入了讨论——当时卡斯图尔拜显然不满意砌的砖，正在表达他的担忧。

　　忽然，那兰坦拜脱下脚上的一只鞋，拿在手里，走到我跟前打我，说："你竟然用这样的砖骗我兄弟。这房子很丑，比我们预想的差远了，根本不适合当个国际管理学院。"卡斯图尔拜及时拦住了他，没让他打到我，但距离已经很近了，让我很紧张。

　　说实话，直到我面对关于新建筑的反对和嘲笑时，我才意识到柯布西耶画的那幅简单的画具有怎样的力量。我永远不会忘记其中的几个例子，比如肖特汉别墅是用清水混凝土建造的，对于那些看惯了粉刷和涂漆建筑的人来说，好像是在说，客户已经把钱用光了，只能靠合适的方法把房子建成了。

　　有一天，在当地坐公共汽车时，我无意中听到两位乘客在谈论这座房子。其中一个说："他们要是没有钱盖那么大的房子，为什么还要盖呢？我听说，现在连卫生间的门都装不起了。"

　　我常常会想要离开艾哈迈达巴德，但一想到柯布西耶曾经提醒过我们，那藏在刀子和云朵背后的"星星"，就只有更加努力地工作。

　　我猜，人们会一直评论我的作品，就像评论他们周围的一切事物那样，我会倾听他们的声音，我认为每个人都有权利表达自己的观点。有人说了什么，对我来说就是一个目标、一堂课，无论多么微不足道。

我也在寻求评论和反馈。最后，我做了我想做的，但我从那些评价中获得了经验。不管是写作、绘画、摄影还是设计建筑，我都可能会错过一些东西，那么，为什么不听听别人的意见，把事情做好，以至于能在下一次做得更好呢？学习只在你吸收和反思的时候发生。这不是谦虚，而是开放地接受新的、不同的想法和观点。

举个例子，在1988年那个阶段，我觉得桑珈还不错，但内部可以有更好的表现。桑珈的空间，例如最底层的下沉，我觉得应该有颜色，让它成为一个更有动态的空间。同样，接待处那个三层空间的夹层，也需要用颜色来强调空间中光线的品质。

我觉得我对色彩的运用变得太小心谨慎，需要回到更有力的方式上，让空间体验更具动态。

我回忆起我在意大利曼图亚（Mantua）参观朱里奥·罗马诺（Giulio Romano）设计的德泰宫（Palazzo del Te）时的感受，那里的墙面和顶棚到处都是巨大的壁画，分解了空间的特征。我也想起刚从巴黎回来时用过的颜色，很奇怪，我怎么把这些都忘了。有时我觉得我甚至害怕看到建筑物的颜色。

我想了很多，我怎么走到这一步的，不知道这是不是和路易斯·康有关。无论如何，我决心打破这种状态，让自己沉浸在色彩中。这就是人们现在在桑珈看到的颜色是如何产生，并继续成为一个重要设计工具的。

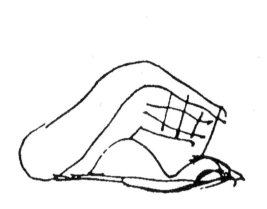

　　■ 顾往事，我也想知道我是如何协调柯布西耶和康所代表
　　　的两种截然不同的建筑态度的。例如，康就看不上印度
管理学院校园最初那些砖墙的质量，可那已经比我给柯布西耶做监督
的建筑质量更精细了。

　　柯布西耶喜欢在交接处随意填上水泥，他觉得这让设计显得粗
野。他更喜欢一种非正式的、稍微有些混乱的方式，这样可以挑战僵
化的规则。康就不是这样。

　　后来，我们接连两天给康做了很多样品，可他认为都不过关。然
后，他把停留时间延长了一个星期，和石匠一起工作，就像开了个培
训作坊。直到今天，这些样品依然矗立在校园里，就像砖墙的纪念
碑，有平的、分段的、半圆形的拱门，还有扶壁和门柱。

在很多方面，桑珈标志着我不再依赖直接受到的影响，作为建筑师自我的出现，这也标志着我向自己提出了我的建筑应该是什么样子的问题。我当时陷入了完全的模棱两可之中：我在寻找有关生与死问题的答案。

从这时起，我开始阅读《吉达》，并在莫塔拜——我姑丈的指导下理解它的课程。我问他关于记忆、死亡、生命、体验和联想的问题，从模糊性中产生了有形的、无形的和相连的概念。我说，我不想做一个看起来就像房子的房子。从这个意义上说，桑珈可以被看作一种探索，追寻关于什么是建筑的抽象关注和理念。

在我设计的所有项目中，桑珈是最特别的一个。做设计的时候，我很焦虑，我会问所有来参观这个地方的人对它的看法。我会问他们："你对桑珈有什么感觉？"

大多数人的反馈是，它看起来像座房子，既熟悉又陌生。他们经常说："这很难用语言来描述。"我由此学到了，经验触及人的内心深处。

艺术家布彭·哈卡（Bhupen Khakhar）回答说："这些圆顶（他没有叫它们拱顶）让我想起了古代的建筑，这儿有一些东西让我感觉像是在一个印度村庄。"而当我问起我的园丁，他对我在工地上首次建造的户外工作室有什么看法时，他说："看起来就像我们村的寺庙。"

也许这和建筑与大地的关系，以及拱顶在整个建筑形象中所占的比例有关。这一发现让我意识到，印度神像会在小脸上面放一个大王冠，也许正是这种比例赋予了他们尊严。

我之前解释过，桑珈的拱形屋顶是我从邻居那里借来的弧形石棉板导致的结果，这样我就能够快速建造这座建筑，以规避拟议中的城市土地上限法的严格规定，这是对的。但我现在怀疑，它实际上源于我早先设计的艾哈迈达巴德的纺织业研究协会员工宿舍和劳工宿舍，这两组建筑都用了半圆形的砖拱顶。另一方面，也可能是受到我小时候在浦那看到的尼森（Nissen）庇护所的启发，那是为军队建造的，也有类似的屋顶系统。

　　这些设计隐藏在我的记忆深处，被遗忘了，而当我想到可以用弧形石棉板建造拱顶时，它们又浮现出来了。大约20年后设计桑珈时，它们又被用上了。

　　桑珈的许多其他空间，都是在回忆柯布西耶的工作室，也没忘了把工作室端头的整面墙当作黑板。从建筑上看，这座房子在规模、比例和方法上，很大程度都要归功于他。在空间内涵上，很好地体现了我从柯布西耶那里学到的，还有我在艾哈迈达巴德体会到的。

　　从很小的时候起，紧凑的尺度就一直存在于我的脑海中。我特别难忘的，是又一次和柯布西耶一起去艾哈迈达巴德老城的情形。我们

来到马奈克·丘克（Manek Chowk），那是城里一个历史悠久的市场，四周围着3层的联排房子，房间都特别小，有些只有180~240厘米宽。柯布一走进这样的房间，就直直地躺到地板上，头顶着一边的墙，脚抵到对面的墙上。他只说了一句："尺度真是太棒了！多好的比例！多好的尺寸！"

当我们参观建于15世纪的萨克吉（Sarkhej）清真寺时，他说："你干嘛还要参观雅典卫城呢？这儿什么都有，研究它吧。"在柯布西耶用这样的语言谈论我们的住宅和公共建筑之前，我压根儿没有意识到我们自己遗产的重要性。在某种程度上，我确实觉得他说得很对，那正是我第一次参观雅典卫城时感受到的。

也许记忆对我们设计的影响，比我们自认为或意识到的还要大。我认为，桑珈的游泳池源自我参观弗兰克·劳埃德·赖特（Frank Lloyd Wright）的西塔里埃森（Taliesin West）工作室的记忆，正是这次参观，让我下决心建造自己的工作室。那拥抱大地的建筑强调水平而厚重的基座，让我联想到同时与地面和天空相连的印度教寺庙。

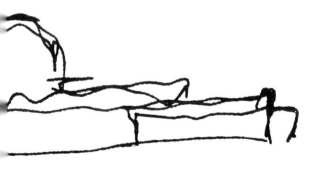

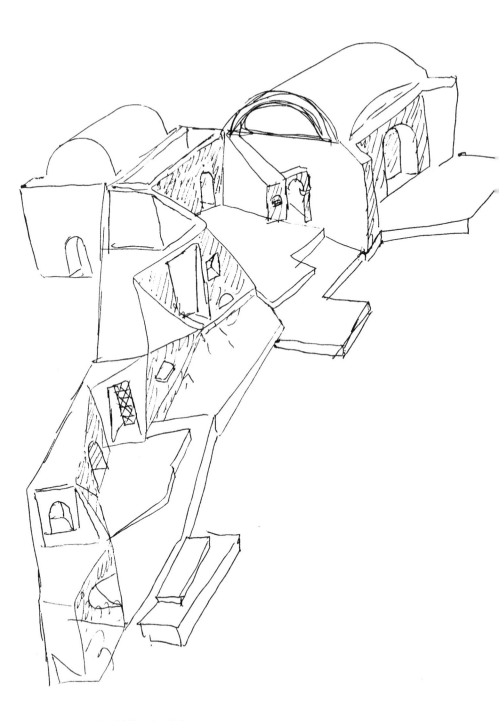

桑珈的拱顶总在向我传达这样的信息：它是印度的，它像个村落，它有我们的传统。有时从远处看，它就像个穹顶，让人联想到神像的面庞和高冠冕之间的比例，想起寺庙低矮的底座和高耸的尖塔（shikhara）。底层作了下沉，入口低矮，唤起走入古老洞穴的体验。拱顶和其他界面与底部的平台有着划分清晰的边界，因而与地面形成了类似于佛塔（stupa）那样牢固的联系。

顺便说一句，即使在我的草图和绘画中，也有一种对乡村根深蒂固的渴望、紧密的联系和强烈的依恋。桑珈的平台、台阶和空间，组成了一个村子里的广场，而水面和台阶也能让人体会到农家生活的感受。我创造出一个这样的空间，公众要使用它就必须要分享。这里没有什么是很私密的，但也没有什么是公开的。你可以做你自己的事，然后在到达一个微妙的临界点前离开。界限是由你自己的内在和外在世界，你的私人和社交世界决定的。所有这些都是欲望的暗流，表现出来的形式受到我所经历的建筑体验的影响。

最后，还有一个关于桑珈的概念，来源于我在埃及吉萨金字塔附近看到的景象。那是在雕塑家拉美西斯·维萨·瓦塞夫（Ramses Wissa Wassef）的工作室，阳光照进画室，画室很干燥，到处是沙子，我记得还有些水牛，小孩子们来学习织地毯，那真是一个以艺术为生的村子。我去那里画了些素描，那儿有传说中的努比亚（Nubian）拱顶，上百年的拱顶，在这些拱顶下，正在上演生命和光明的庆典。这就是我想在桑珈创造的东西。

吉萨大金字塔给我留下了极其深刻的印象，那是一个压倒一切的坚固实体，表达着它的永恒。而在另一边是瓦塞夫的工作室，就像一个小村庄，充满生机，富于人的同情心。这不是我们真正的使命吗？无声的低语中满是脆弱而又神圣的活动，不正是用来抵御现世建造巨构的诱惑的吗？

我们的城市正变得越来越高，越来越密集，越来越拥挤和嘈杂，越来越没有人性。我们的城市不应该为了感到快乐和自豪而融入我们微小但有意义的工作吗？体验古老的城市，看到它们在不断扩张的边界，我们难道不应该换一种方式，感受并珍视公共空间中缓缓的移动、喋喋的私语、微观尺度的交往吗？如果我们能做到这一点，我们一定会节约出行时间，获得绿色空间，呼吸更多的新鲜空气，从而节省我们的能源。

创建一个居住地，赋予我们的日常活动以意义，这应该是我们作为城市规划者的职责。我们需要提供停歇和空隙，尽管有一天，桑珈的周围将遍布密密麻麻的多层建筑，我还是希望有许多像桑珈那样的建筑，给这个地方带来人情味。

开罗之行后，我尝试用我们这里的古纳瓦建造类似的抛物线拱，这些瓦是用村里陶匠做的圆锥形陶管竖直劈成两半做成的，但这个拱只承受自重就垮塌了，而且它的形式也没有达到我期望的完整的圆形，所以我改用工厂生产的瓶状中空瓷瓦，它能够达到更大的跨度，保温性和强度也都更好。

桑珈建筑有三组不同而紧密相连的结构系统。第一组由承重砖墙及其承载的拱顶组成；第二组是一面挡土墙和不规则形状的砖柱结构，支撑平屋顶；第三组是将承重砖墙与梁柱结构结合，承载较重的荷载。每个系统都经过优化以创建所需的多样空间，同样，也产生了三种不同的让光线进入室内的方式。第一种是普通的在墙上开窗，第二种是采用天窗，第三种则是在平屋顶中插入玻璃砖。

我想通过我的工作室体验生活。它既是日常活动的碎片，也是它的整合；既是残缺的，又是完整的。对我来说，房子不仅是在大地母亲身上种下一个盒子，而是植根于土壤的有机体。它不是只有一个坚固的实体，而是由许多相互关联的部分集合而成。这些部分不仅是元素，更是履行多种功能的器官，就像我们的四肢一样。此外，它还应该能唤起记忆和联想，间接暗示我们与自然和遗产的联系。生长和进化是生物体的基础，建筑必须是多孔的和开放的。

桑珈有一部分是埋在土里的，让根深入大地，它用这种方式呈现出建筑三个纵剖面的最初概念，就像我在印度学研究所里所做的那样。桑珈厚重的长基座形成了连续的体量，其中又留有缝隙，同时实现了

坚固性和多孔性。基座上的半圆形拱顶不仅增加了基座的重要性，也更加凸显了拱顶。

这非常类似于我们设计寺庙时的方式，沉重的基座和坐落在大地上的尖塔（shikhara）成为它的特色。有时候，可能就是本能的好奇心驱使吧，让我很想知道，在基座之下藏着什么样的秘密，就像我们印度的阶梯井，深埋地下，在地面上看不出它会如此深入大地之中。

他们说在海平面下有另一个世界，充满寂静，也充满声音，我相信。当你独自坐在清晨昏暗的时间里，你会慢慢意识到遥远的鸟鸣和虫声，意识到太空的浩瀚。

桑珈也能唤起关于我们在浦那租的房子的记忆。父亲再婚后，我和哥嫂在那里生活了差不多八到十年。房子位于一角，长长的像个火车，两条窄小的外廊围合出局促的空间，中央狭窄的线性空间和楼梯都反映出这一点。我的办公室与工作室的主要空间相连，体现了我在那座房子，还有在巴黎的旅社里住过的那种小房间的特点。

突出的地下室是一间祖屋的延伸，模糊而无定形。工作室则呼应了柯布西耶狭长的工作室。大地、屋顶和天际线形成的建筑尺度，来自我童年见过的进行加尔巴舞（garba）和其他民间舞蹈表演的平台和开放空间，也来自浦那建于地下的帕塔雷什瓦尔神庙（Pataleshwar Temple）。

　　我对安东尼奥·高迪作品的记忆，体现在桑珈的陶瓷马赛克饰面、曲线墙体和其他几个细节上。看过他的建筑后，那些清晰的表达让我印象至深。路易斯·康在建筑中表达人性的态度也对我影响很大，因为它与印度教的方式有共同之处。我在与他的讨论中了解到主要结构与次要结构的结构清晰性。

　　对于康来说，柯布西耶就像个遥远的古鲁。他很害羞，有意避开柯布西耶，就像史诗《摩诃婆罗多》里伊克拉维亚（Eklavya）的故事：古鲁并没有收下他当弟子，但伊克拉维亚用土塑了古鲁的像，在塑像旁练习射箭，仿佛它是有血有肉的，最终他精通了这项技能。

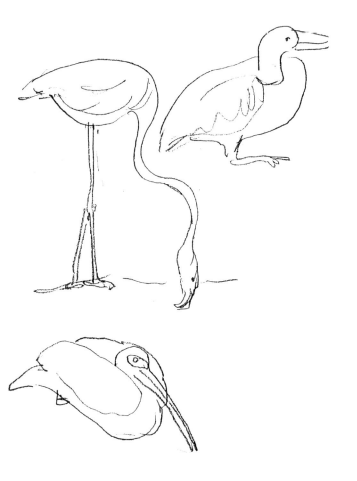

　　意识到这一点后，我常常觉得这两个巨人总有一天会相遇。唉，柯布西耶在 1969 年去世了，而他们还没有见过。我去巴黎悼念之后，就去了费城，到卢的工作室时，刚一进去，他就问："你听说了吗？""是的，"我说，"两天前我去巴黎了，他已经不在了。"卢说："这么多年来，我一直在工作，我一直能感觉到他的存在，不知道他看到我的作品会不会喜欢。"他又说："现在，我能为谁工作呢？"

　　这个问题也困扰着我：我在为谁工作？这不是一个容易回答的问题，因为这个问题又会反回来问，我是谁？我经常想到的答案是模糊的：我是我一生中所有记忆的总和。这些记忆不仅包括我所受的建筑训练和影响，也包括我从童年到现在的生活。就像有人说的那样："记忆，不就是一个没按字母排序的大图书馆吗？"

我常常想起童年记忆里的第一场雨。当时天气很热，又闷又潮，湿度又大，人人都盼着下雨，但就是看不出要下的迹象，沉重的寂静和不安更让人觉得不舒服。

突然，我闻到了从远处潮湿的泥土中传来的芳香，那是夏日酷暑之后的美妙感受。然后，天空开始乌云密布，太阳消失了，下雨了，好像换了个世界，我们也感受到了活力。

接着，人们听到雨点打在走廊的铁皮屋顶上，雨水顺着屋檐流下，从雨水管倾泻而下。孩子们冲出来，在世界上最大的喷头下淋浴，老人从房子最里面跑到走廊上。

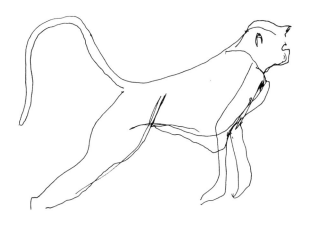

　　有些人忙着把房子两边的窗户关上，不让雨打进来。我哥哥找了些旧报纸做纸船，我们就在街上赛船。要想从炎热的夏天中解脱出来，就得来杯热茶，吃炸得酥脆美味的巴哈加饼①，一时间这好像成了一个节日。

　　潮湿的土地，摇曳的树木，房子被洗得干干净净，闪闪发亮，云朵变幻着形状——这一幕如此生动，好像一场戏。雨停后，水滴从树上、屋顶上和寺庙的墙壁上，滴滴答答地落下，发出大大小小、有节奏的声音。

———————————

① bhajias，一种印度的油炸素食。——译者注

　　天空重新放晴，阳光照耀着神庙檐楣上的线脚，这让我知道了它们存在的原因，就是投下阴影，沥干雨水。投影也改变了建筑表面，在阳光下形成赏心悦目的纹理。雨水被晒干后，图案又变了，生活似乎也更清醒了。

　　多年以后，我成为一名建筑师，才意识到建筑可以做什么。除了物质需要，建筑还在和天空、雨水、清风、植物、挑檐等组成的环境讲述另一种语言。建筑对季节、对宇宙的力量作出呼应，让我们意识到我们通常忽略的快乐。从心理上说，它创造了我们珍视生命的联想。

当建筑回应宇宙之力和人类生存时，会成为一种背景。它关乎一切，属于每一个人，而不仅仅是我们特定的、世俗的需求。

大概在 1963 年，吉拉·萨拉巴伊问了康一个简单的问题："什么是建筑？"康不想给出一个简单的答案，他要求用一天的时间来回答。第二天，他带来一张小纸条，上面写着这样一段话："尽管我感觉到的是建筑的精神，但当被问及它的本质时，我却一点儿也接触不到。游泳池、连锁店、学校、宫殿或者工厂，如果想要的话，都会有它存在的价值。因此，它可以触及心灵，即便它是如此简单，它的本质就是如此；它的生命就是艺术。"

　　大自然表明，创造的过程一直在继续，而且常常不受我们的控制。事实上，我们也只是大自然的一部分，没有脱离开大自然。我们的大部分作用只是被引导，而不是去控制，只是我们没有意识到。创造必须是自我实现。人必须做到有意识地用潜意识来分享你的外表，让表征显现出来，以其所需的形式。

　　你问一位伟大的音乐家、艺术家、建筑师，甚至是一位商人或政治家："你最好的作品是什么？它是如何产生的？"他会告诉你："我不知道这是怎么发生的。"

　　勒·柯布西耶曾写道："创造是一种耐心的探索。我画画时，从

蓝色开始，但我不知道它最后是如何变成红色的。"

那不是斗争；是美德，是环境，就像一条河汇入大海。这就是时间。这里不讲求身份，人会变成普遍的、自然的，这就是 *swabhav*。这就是我的工作一直努力的方向。

有一次，我在杂志上看到一张印度黑羚的照片，它的皮毛图案引起了我的注意，就好像这只黑羚穿着一件夹克。真神奇！为什么大自然会这么做呢？因为这样更感性，更快乐。眉毛和耳朵是有自己的功能的，但这其中有比看上去更多的东西。这是清晰的表达，当做出清晰的表达时，便值得庆贺。

日本人常在小桌上放一个微型花园，点缀盆景植物和小树。这么做是为了帮助他们脱离物质世界，进入精神世界，发现幸福的秘密。这让人惊讶不已。人可以在那么狭小的空间里创造出这些无法把握的东西、无限的东西。你看看那些天然的树木，再看看这些大树缩小的样子，会在很多方面影响你的思维。

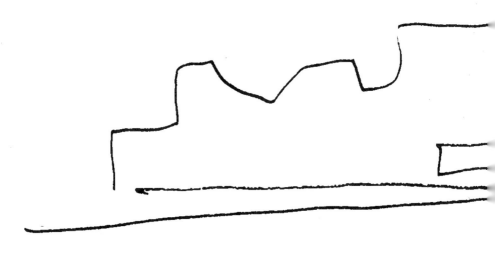

对日本人来说，冥想有着互通性。远处的墙可以近在眼前，邻近的街道也可以触手可及，这都取决于你。你缩得越小，就变得越广阔。你会从整体上看待它。原本掌握不了的东西，现在就可以掌握了；原本碰不到的东西，也可以碰到了，只要你看到它们之间的联系。因此，细微的差别出现了，人际关系发展了，思维忽然深入其中。这是沉寂的，静态开始变成动态，一个相反的过程发生了。你看得见广阔，因为尺度已经消融了。

就像板球比赛中的击球手，经过一段时间，能做到除了球什么也看不见，球看起来好像有足球那么大。这就是专注。日本人总是说，要深入内心去发现真正的自我。

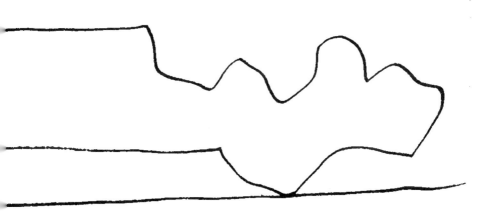

禅宗的故事总是让人吃惊。铺垫徐徐展开，但会在你习以为常的地方停下。等你有点着急，它又会慢慢把你引到另一个方向上，展现你真正想要看到的东西。这时的发现，是最为壮观宏伟的。就像日本茶道一样，它是宇宙的延展，让你意想不到。拉贾斯坦邦沙漠里那些传统的泥屋，让人心生敬畏。我们惊叹于这种平凡的小屋是如何生根、发芽、开花，成为美丽的大树，或像一个孩子成长为有用的人的。

我们会注意到喜马拉雅山上的小屋，把木头和泥土结合到一起，形成优美的栖居地。而在美国，密斯·凡·德·罗则做出了范斯沃斯住宅那样闻名遐迩的玻璃房子。这些房子都各不相同，但建造它们所付出的思想和劳动是平等的。

老实说，如果让我选其中一个的话，我不知道该选哪个。小屋需要一个人全身心地投入它的建造。大地、双手、身体、思想、精神——都是一体的。

　　经过这样的整合，小屋就变成了一个有生命的物体，就像它将庇护和养育的人们一样。它不再仅仅是一个房间或一处庇护所，它揭示了隐藏在居住者内心深处的东西，这就是爱。我们在伟大的建筑作品中看到了这种热情。

　　现在的问题是，哪些是永恒的，哪些是有时限的，又属于哪个时代和风格？我记得在艾哈迈达巴德见过一个陶工干活，我觉得他是唯一一个通过专注和灵巧，把难以捕捉的东西抓住，放到他的创作——也就是空间——里的人。

　　刚性结构是有时限的，物体是有
时限的，云是没有时限的，正式的有
时限，非正式的没有时限，就像人的
身体。我们的身体不断成长，达到极
限就停下来，但各处遵循不同的比例，
头、腿、脚、脚趾、躯干，每一部分
的成长都不相同。

我在埃洛拉的凯拉什神庙，看到有个雕像的基座上刻着一群大象，其中有一头背对着其他大象。这样的形象是刻意塑造的，是为了表达只有例外情况才有助于更为清晰地定义规则。秩序，只有相对于无序才有意义。

提供例外，就是用破坏规则让规则正常工作。这是一种对自由的表达。如果你看印度细密画，一大群牛中总有一头会朝相反的方向行进。

　　规则需要有，但结构中的灵活性也很重要。时钟应该是仆人，是告诉我们时间的工具，它不能统治我们的生活。我们的工具不能成为我们的主人。

　　我们生活的其他方面也是这样，包括我们构建的社会习俗，以及伪装成我们生活必需品的奢侈品。我是绝对自由的坚定信仰者；我们必须实现作为人类的全部潜能，无论我们选择了什么职业，是建筑师还是木匠。

我动身去艾哈迈达巴德之前，柯布西耶给我讲了个故事，这个故事抓住了我们面临的冲突和困境，还有我们会做出的选择。

　　故事讲的是一只饥饿的狗，它到处寻找食物，突然看到有栋房子，里面有只养得很好的狗。它问那只狗，怎样才能吃得这么饱，他是不是也可以做同样的事，变成那个样子。胖狗说："明天下午再来，我就告诉你。"

　　第二天，饿狗准时到了，但那只胖狗却不见踪影。它就这样等着，过了很久，它叫了几声，可是没有胖狗的回应，它只得沮丧地离开了。

　　又过了一天，它再次回到那里，这回看到了那条胖狗，就问："你为什么不遵守约定来见我呢？"胖狗回答说："我很想去，但我的主人正在睡觉。"

　　"那又怎样？"饿狗问。

　　胖狗回答："你看，他把我拴起来了。"

　　这时，饿狗注意到它脖子上的铁链拴在一根柱子上。

　　"一直都要这样吗？"

　　"一直都是。"

　　"你没有选择的余地吗？"

　　"没有，不然他为什么要喂我？"

　　饥饿的狗想了一会儿，赶紧跑开了，它说："这是多大的代价啊！饿死总比受控制好。"

就像我从导师那里学到的许多其他事情一样，这个故事的教诲也伴随了我一生。有些时候，我是这样做的；有些时候，我没有做到。即使我选择了不同做法，我也受到了这些教诲的影响，这可能间接地减少了我寻找其他出路的可能。

这又让我想起一个卡斯图尔拜·拉尔巴伊的故事。我前面说过的，我把他看作我的导师，总是尽量表现出尊重。然而，有那么一次，我认为我的魅力受到了压制，我有勇气，或者别人会说我很大胆，站起来反抗他。

　　卡斯图尔拜紧急派人来找我，我去了他的办公室。他一看到我，就开始用很愤怒的语气说有一个项目超出预算 80 万卢比，却没有给我任何机会解释原因——我得说，在那时这可不是一笔小数目。他一直说我是傻子，超出预算也没有经他同意，就算付这些钱对他来说不在话下，我没有经过授权就不能私自做主。最后他说，把设计委托给我真是犯了个大错。

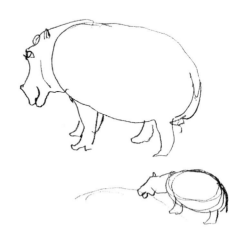

由于他没让我解释原因，当他停下来后，我问他："我能说点什么吗？"他没说话，我就继续说："我知道在您面前我什么也不是，如果我犯了错误，请您原谅。但我认为我得受到惩罚，如果我在以后 8 年里每年支付给您 10 万卢比作为补偿，您觉得可以吗？"我怀疑是以前没人这么跟他说过话，所以他似乎吃了一惊，说："多傲慢！你明白你在说什么吗？你想补偿卡斯图尔拜？"

说完这些，我们就陷入了长时间的沉默。我想我们双方都在思考刚才发生了什么，情况是如何发展到这一步的。我觉得自己被逼得太紧了，否则我不会对一个我非常尊敬的人作出这样的回应。

我想，他一定也有同样的感觉；他摇了摇头，表示这件事已经过去了，并问我愿不愿意和他一起喝茶。然后他开始问我一些关于建筑学院的事情，好像他一开始叫我来就是为的这个，别的什么也没说。我很高兴自己坚持了信念，但也很感激像卡斯图尔拜这样的人能理解和欣赏我的这种行为。

那个阶段，我在社交生活中最想念的，除了达达的家，就是莫塔拜的家。他家在婆罗多尼瓦斯（Bharat Niwas）社区，离我家不远，就像我的第二个家，卡玛、我，还有几个女儿，都经常在那里吃午饭、晚饭，还有午睡。

这给了我们机会，与莫塔拜和其他来这里的学者、诗人、戏剧家讨论宗教、哲学和创造性艺术。我们讨论印度和希腊的古典戏剧以及与之形成对比的当代民间戏剧，尤其是民间的《罗摩力拉》（Ramlila），只用 9 个晚上就能以最简单和有效的方式把史诗《罗摩衍那》的故事复述出来。

有时，我们会讨论古典印度音乐中的时间、季节和空间要素，就像某些拉格（raga）表现的那样。这些与艺术家、舞蹈家、音乐家、文艺人士的对话，帮助我理解了印度拉莎（rasa）的理论，它描述了若干种情绪来寓意情感，表达生命的终极本质。

我有时会想，经过 60 年左右的时间，我的行为是否变得更明智了。也许我犯的错误比做对的更多。我也在想，如果我遭遇的事情不同，生活又会变成什么样。然而，有一件事我是可以肯定的，那就是我是按照自己的方式生活和工作的。

If you want freedom break
away from the normal
conventions. Become like
a child. See things afresh,
work more with your feelings
than intellectual a rational
thoughts. Because they are
fed a given to you by others
to make you One of Them.
Look how children paint,
draw figures, how they see
a put colours. They have
nothing to do with absolute
reality. Because reality is
also an illusion. But your
education and age has made
you think that way. Reality
is what you and others perceive
externally and similarly.

For example, how can
form, colour, structure, order
be accepted because historians
say so.

Break away from all the
rules. Forget history books.
Go back to your inner
perceptions. See things as
if you are noticing them
for the first time.
Then only you will be
able to do something of
your own.

BBhs May 27/89
(after seeing Khushru's
drawing of a face)

（节选自致泰加尔、拉迪卡和玛尼莎的信）

树

尽管种子又黑又小，
你怎样做到长得如此高大漂亮？
尽管灾祸频生，
你怎样做到总是那么清新，宁静，泰然自若？

尽管阻碍重重，外力强劲，
你怎样做到在迂回曲折中保持平衡？
长到如此高大？
尽管他们的行为总在威胁着你，
你怎样做到给那些无用的灵魂提供庇护？

尽管有忽视，有漠然，
你怎样做到欣然加入庆典？
如此这般盛放，奉上鲜花果实？

尽管不情愿，甚至对人的愚蠢感到愤怒，
你怎样做到继续恢复生态系统？
点头和微笑？

尽管聪慧的你也会变老，
你怎样做到把腰弯下，这么低，这么谦卑？
为了未知的目标，奉献你的一切？
最后，尊敬的树啊，
告诉我们你存在的本质吧。

　　我非常幸运，有卡玛支持我所有的梦想和怪念头。她说，你独自奋斗是不对的。无论我选择做什么，都应该是因为我想做，或是不想做。因为假如我不想做一件事，无论事情本身的结果是好是坏，她都有同等的利害关系。

　　所以，她让我去做，也支持我。她可能不喜欢我做的一些选择，我们可能会为此争论，但最后她总是说："如果这让你快乐，那就去做，因为这是有原因的。"我们每天都会互相问的一个问题是："我们两个今天都开心吗？"

我们结婚后，如果周围没有其他人可以讨论建筑，我就会转而找卡玛。所以有时候，我会给她看朗香教堂或其他我喜欢的建筑照片，然后说："有一天，我也要建这样的建筑。"她可能会觉得有点好笑，但她脸上的笑容总能让人安心，她会说："去吧，有我陪着你。"

我们一起去世界各地旅行。在我们的心中，在我们的旅行中，在我们的欢乐时刻，在我们应对困境之时，我们一起发现了许多隐藏的通往我们生命宝藏的门。

2019 年就是我们结婚 64 周年了。现在我们讨论的内容包括宗教、价值观，以及我们周围事物的价值，什么是有意义的，什么是没有意义的。当然，最开心的事，还是听到我们的孙辈和曾孙辈不停地说要来 Maa-gher（曾祖母的家）——我们在萨德玛社区的家。他们就是未来，我们希望他们的未来和我们有过的一样激动人心。

后记

　　阅读和编辑自己六十多年的日记，对我来说意味着重新造访所有的地方、所有的人，还有那些生活中重要的事。这让我反思我到底做了什么，重新评价我所做的选择和决定这么做的原因。反过来，这也帮助我发现了自己的长处，以及我如何应对出现在我面前的机遇。

　　在引言里，我试图找到我的生活怎么会以及凭借什么，能在建筑师的专业上和生活上都经历这样一段相当美妙的旅程。我现在确信，这两者是紧密交织在一起的。从扎根于传统的浦那，到伦敦、巴黎，再到全球化了的艾哈迈达巴德，走遍全世界，我不知道我小时候是否想到了这一切。

　　能有这样快乐而有意义的生活，要感谢几个重要的人。其中最重要的是达达，早年间他的培养让我意识到生命的精神意义和一个人要承担的责任。

　　我感谢勒·柯布西耶让我走上了写作、速写、设计和绘画的道路，感谢路易斯·康拓宽了我对生活中较为抽象、哲学的层面和建筑师工作的理解。我也非常感谢卡斯图尔拜·拉尔巴伊一直在道义上和专业上支持我，特别是在我刚成立建筑学院的时候。

　　我要永远感激芭，她向我展示了节俭和知足的美德。最后，我要感谢莫塔拜，让我了解到甘地的哲学和我的社会责任。

　　所有这些，激励着我去开创全方位的事业。这需要不断地学习各个领域、各个学科的新发展，不带先入之见。我的一生直到现在，一直活得像个学生，向新信息、新思想、新知识开放。

这种对新事物的开放和接受既灵活又不武断。我在一个大家庭中长大，各种各样的活动，各种各样对场所、空间和事物的应用，都是生活中再正常不过的了，需要不断适应变化着的形势。

　　孩童时期，大家庭为我提供了一个巨大而安全的网。一个人的基本需求得到了满足，就会想要去冒点或大或小的风险。如果遇到不顺心的事，总还能回归家庭的安全中，回到原来的位置上。

　　然而，在那以后，很多事情都变了。在所有的变化中，我认为起决定作用的是家庭和社会结构的变化。除了对建筑和城市的影响，我相信也影响了人们对现在和未来的看法。

　　核心家庭生活在高度竞争的环境当中，会对一个孩子渴望做什么和他或她最终一生做了什么造成很大的影响。现在，人们不但与传统的家庭分离了，没有了安全保障网，更要敏锐地意识到失败的风险和接踵而来的后果。

　　这使得人们只追求那些被认为是安全的职业选择，在安全的环境中，和他们认为安全的同事一起工作。因此，他们很快就会找到一个舒适区，不敢再冒险离开。

　　这意味着，对于各种各样的新机会，他们不会再保持开放和灵活的态度，而这些机会原本能让他们过上更有意义的工作和生活。因此，眼前的愿望都变得狭隘了，结果只会考虑短期的利益。随着时间的推移，甚至衡量的标准也发生了变化，基准不断降低。这在我们周围随处可见，不仅仅是在建筑和规划中。

　　每次参观游览我们伟大、永恒的遗产，看到这些建筑环境，还有文化传统，我都很想知道，我们是不是也能为后代留下这么多鼓舞人心的工作和传统。他们以后会怎样谈起我们？

　　我说过，我很幸运，有达达、柯布西耶、康、卡斯图尔拜、莫塔拜这样的人成为我的灵感来源，他们也在我所从事的工作和生活的丰富性方面提供了需要达到的标准。

从他们身上，我学到了很多。我学会了对于世俗的欲望和物质上的成功要定义一定的界限。我懂得了履行职责而不作预期的价值，只有这样才能达到终极的幸福。我了解了在生活中困难是正常的，如果一个人想要达到渴望的目标，就必须先学会调整自己，具有耐心。

我还学会了要重视行动，而不是像哲学家那样沉湎于思索之中，这可以被说成思想家和实干家之间的区别。思索能产生更多的想法，也会随之产生更多的分析和更多的怀疑，而在行动中，一个人实际上经历了行动的每一个阶段，并在严酷的现实中看到结果，他可以在现实世界中评估这一点，然后凭直觉继续前进并加以改进。这也意味着行动对充实生活至关重要。

获得救赎，取决于一个人能从所有的经历中理解了多少，又是如何应对的。走进我在桑珈的书房，我做的第一件事就是站到一个特制的壁龛前，如同在祈祷。龛里有达达的照片，穿着传统服装，还有勒·柯布西耶的，他像武士一样站在昌迪加尔高等法院前面，女神杜尔加（Durga）的雕像代表着我的母亲，象神迦尼萨（Lord Ganesh）则是在指导我的行动。

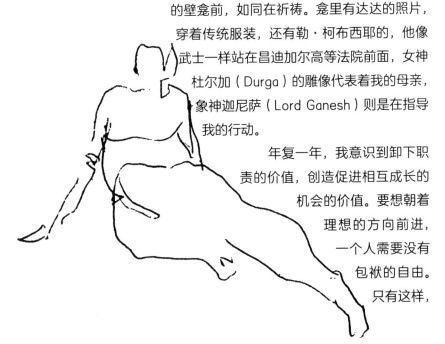

年复一年，我意识到卸下职责的价值，创造促进相互成长的机会的价值。要想朝着理想的方向前进，一个人需要没有包袱的自由。只有这样，才能引导而不是控制；才能提供建议，而不是没有得到别人愿意追随的回应，就统治和领导别人。

我从四个人身上学到了很多东西，其中有两位是才华横溢但又大相径庭的建筑师；第三位是一位世故的、追求完美的家具商人；而第四位，则是致力于印度学的学者。我有时做得好，有时表现差，但这并不重要，我知道什么是对的，什么是错的，我应该瞄得多远、多高。

这让我想到了我最近经常问的一个问题："我们周围，我们中间，有这样可以激励年轻人的榜样吗？"我的意思是，像这四个人一样鼓舞人心、毫不妥协的榜样。我们每天的生活和工作创造着历史，但只有未来才能评判我们在这方面做得有多好，有多负责任。

未来之路

　　当我回顾我的一生时，就像我前面做的那样，我发现有那么多的事情让我感到快乐和满足。从各方面来看，我的一生都非常棒。我感到很幸运，得到了那么多的爱、尊重和认可，远远超出了我在浦那老家成长时能想到的。在很多方面，我想我已经证明了我哥哥的朋友卡达姆所说的是对的。

　　然而，我也在想，当我说我快乐和满足的时候，我是不是自满了。我是否在用一个比我应该用的——就像之前说的我们周围的世界——更低的标准来评价自己？为了给每个人提供衣食住行方面体面的生活方式，我给自己带来了多大的挑战？我母亲对我的期望呢？她为什么叫我巴克里希纳？

　　我认识到，尽管我通过各种项目作出了微薄的贡献，并在教育领域发挥了作用，但仍有许多工作需要去做。真诚地说，我不知道在今后的日子里我能取得多少成就。然而，作为一个开始，作为我必须做的，我写了这个笔记，我称之为"未来之路"。

　　我希望它能提醒我自己，在未来的岁月里，我必须行走在这条路上。我也希望，通过与年轻的专业人士和学生分享，它能够成为一种灵感的激励，去实现我所呼吁的印度建筑和规划的自治①。

　　我们都知道，印度的城市文明已经有 3000 多年的历史了，大部分的城市、乡镇和村庄至少已经存在了几百年。因此，毫不奇怪，全

---

① Swaraj，印地语，意为印度的自治、独立。——译者注

国存在一个以畜力和步行为基础的发达而高效的网络，将所有的城市中心和乡村社区连接起来。

这个网络也在每日、每周、每月地联系着市场，市场的距离都很容易通过步行、骑马、乘牛车或骆驼车到达。我喜欢把这两个网络的相互作用看作像我们的星系一样自然和谐的东西。在这个世界里，人们的需要都没有超越眼前，因而节省了时间、精力，归根结底也节约了资源。

大约 200 年前，随着工业化和工业化城市的兴起，一切都变了，这对乡村社区造成了很大的伤害。这一进程现在造成了内陆地区的传统社区被完全忽略，给城镇带来了压力，并导致新的分割，由此形成的巨型结构没有支撑系统，造成了不健康的断裂。

圣雄甘地在一个多世纪前——确切地说，是 1909 年——谈到了这种具有凝聚力的全国网络是他印度自治理念中国家的基础。经过几十年，具体到 20 世纪 50 年代，他的印度自治理念一直是指引国家发展的灯塔，吸引了所有思想健全的人，包括当时的建筑师和规划师，据此来塑造人们的栖居之地。

当时，建筑行业同时关注农村和城市地区的需求。对建筑师的培训一开始就是如何为穷人提供住房，直到课程的后期才涉及机构的建筑设计。如今，随着全球化的不断扩展，这一切都发生了巨大的变化，许多学生设计的作品就好像是著名建筑师作品的复制品，完全不考虑土地和文化的背景。

不幸的是，我们没有考虑到在内陆地区设立建筑和规划学校。其结果是，今天每个大城市都有比其需要的更多的机构，而小城镇和乡村却一无所有。我们不仅需要反思当代的做法，也需要深入反思我们对遗产的态度。

我想知道，

为什么我们的制度和实践还不能满足这一最低限度的任务？

为什么我们的伟大作品最终会被滥用或遗忘？

为什么我们的年轻一代对我们的遗产和文化一无所知，甚至对他们担负的对自己和对周围世界的责任一无所知？

为什么我们专业人士的思考不能超越自己孤立的业务范围？

为什么我们不能接受对我们的作品或哲学的批判评价？

为什么我们不立即支持和承认有价值的人？

为什么我们不能给我们的年轻一代一些有激励作用的榜样？

为什么政府机构和房地产开发商没有咨询我们，以形成共同的目标，获得更大的成效呢？

为什么我们的公共机构难以有效实现自己的愿景，却不去寻求最好的指导？

为什么我们的领导人总是提到上海、新加坡和迪拜，这些纯粹是为了商业目的发展起来的城市？

为什么我们不制定我们自己的战略来发展适合我们自己的系统？

为什么我们的专业不能创造一个类似圣雄甘地创立的运动？

为什么我们不使用最新的技术来发展和交流思想，开发用于远程共享和学习的虚拟平台？

我们开发的城市对我们的栖居地产生了不利影响，削弱了传统街区、街道、城市中心、市场所代表的价值。尽管这些地方以前的数目和种类也很有限，但还能依赖合作，健康地维系社会和经济。

作为专业人士，我们没有鼓励房地产开发商去创造理想的社会文化栖息地，而是把自己孤立起来，放任他们去干。开发商都知道，我们城市里的土地已经贵得买不起了，现在他们正在转向乡镇和内陆。我们现在就像一棵大榕树，以自我为中心的社会、经济和文化机构是这棵树的枝干，支撑我们自身的成长，却把我们的视野和生活局限在我们所能控制的地区，而让周围变得一片荒芜。

与先前为寻找工作而迁移的人口相比，现在出现了一种反方向的经济和商业入侵。直到几十年前，尽管我们的城市已经开始变得拥挤，但至少还没有泛滥到内陆地区，那是我们基本需求的来源。我想知道，为什么我们从来没有想过那些几公里外的小村庄的人，正是他们给我们带来了日常必需品。

然而，现在已经不同了。今天，互联网已经普及到每个家庭，每个人都能上网，而且，随着无线技术的发展，即便没有电和道路，许多地方也已经实现了这一点。见到来自偏远地区的学生和青年，或者

看到他们在电视上的演讲，都会因他们的才华和他们对充实生活的希望留下深刻印象。然而，对于建筑师和规划师来说，他们似乎根本不存在。尽管有这些联系，但我们的职业并没有让我们超越眼前的利益和义务。

现实社会就像宇宙星系，充满了将它们连接在一起的层级网络。然而，我们已经出于彻底的贪婪和控制而将这种统一打碎了。这种态度不仅出现在经济发展中，也同样存在于我们的教育和文化领域。神圣、敬畏、包容、合作应是我们珍视的价值。

我们一向提倡生活的平衡和对价值的追求，以培育情绪、心理和社会的和谐。我们总是试图与自然共存，而不是与之对抗，也不是试图控制它。如果我们不追求全面的发展，就会重蹈发达国家的覆辙。

信奉"越大越好"的预言家寻求更快的交通工具以减少通勤时间，建造高能耗的巨构建筑，专注于以权力为中心的发展战略，强调更多的生产、更多的消费和持续增长。现在他们认识到，对于未来，正确的道路应该是可持续发展，这是与自然共处的全部意义，是传统的生活方式原本就拥有的。

那么我们接下来要做什么呢？正如我前面所说的，我重视行动，而不是仅仅停留在思索。因此，我认为这是我们需要做的。

首先，我们需要发展一个基于数字媒体连接的强大网络。在这个时代，以互联网为基础的社区比其他社区更成功，更有效，印度的建筑师和规划师必须最有效地驾驭这种能力，亲自参加会议来分享观点、任务，邮寄传统的纸质信函的时代已经成为历史。

让我们创建这样一个社区，宣传和倡导建立一个以圣雄甘地提出的印度自治原则为基础的栖息地。社区的主要任务将是，用印度所有主要语言进行讨论，比较我们当代的栖居条件与传统栖居条件，探讨它们各自的优势和劣势。

根据这些讨论，我们需要针对我们所拥有的和我们所需要的进行一次真诚而具批判性的评估。评估必须涵盖建筑和规划的所有方面，以实现印度自治的目标。其中最紧迫的需求，是要为区域发展平衡、城市化、住区规划及其建筑组成制定政策。这就需要建筑师和规划师的作用和职责，他们的教育内容、方法以及他们的专业义务，无论他们是为乡村社区或是城市贫民，以及我们社会所有其他处于不利地位的阶层服务。

我们已经看到在过去的几十年间公共机构到底做了什么，几乎没有希望改变他们，我们需要建立一个网络，容纳各级非政府组织，从国家层面的到最小的村庄层面，执行我们实现印度自治的计划。

还需要明确的是，这里所说的执行并不意味着要实际执行到最后一个螺栓和螺母，必须让人民自己这样做，这是印度自治的基本前提。其中所需要的，是由志愿者团队展示根据印度自治原则形成的建筑和规划的优点。这些示范将有助于教育人民，他们将努力实现真正的印度自治和圣雄甘地的梦想。

这是我现在希望去做的。

词汇表

avatar：转世或神在人间的后代。

bhajias：一种印度风味小吃，由切碎的蔬菜和五香面糊混合后油炸而成。来自印地语 *bhājī*，炒蔬菜。

Brahmanical：婆罗门的。这个词指的是传统印度社会中四个印度教种姓中的第一个，负责主持宗教仪式、研究和教授吠陀经。

chhajja：突出、悬挑的屋檐或屋顶的面层，通常由巨大的雕花框架支撑。被印度教徒广泛使用数千年后，被入侵的穆斯林帝国借用，成为"莫卧儿建筑"的通用语汇。

chetna：给予人意识、感知和感知能力的事物。

darshan：对一个吉祥的人或物专注地凝视，以带来祝福，因为看到有善行的对象会赋予观察者自身美德。

dhaba：提供餐食的当地餐馆，也可作为卡车停靠站，通常位于加油站旁，大多数为 24 小时营业。

dhoti：印度次大陆地区的传统男装，是一块长方形的未缝合布料，通常有约 6.4 米长，包裹住腰部和腿部，然后在腰部打结。

Diwali：排灯节，通常被称为"灯节"，是印度教、耆那教和锡克教的重要节日，在 10 月中旬到 11 月中旬之间举行。对印度教徒来说，排灯节是一年中最重要的节日之一，家人会在家里一起进行传统活动来庆祝。

Doge（of Venice）：威尼斯总督，应为"军事领袖"，常被误译为公爵，是最为平稳的威尼斯共和国延续千年的地方长官和领导人。威尼斯总督是由城邦的贵族选举产生的。

drav：融化。

garba：印度的舞蹈形式，起源于古吉拉特邦，传统上在长达9天的印度教节日 Navarātrī 上表演。

guna：一种由陶工在轮子上制作出来的圆锥形陶土筒，被切开后可以成为两片瓦，是印度大部分地区传统乡村用来盖屋顶的瓦片。

Holi：胡里节，印度教徒的宗教节日，他们会互掷彩粉和彩水来庆祝，并在节日前点燃篝火，也被称为 Holika。

Indra：因陀罗，《梨俱吠陀》（Rig Veda）中众神的首领和国王。

Indraprastha palace：天帝城，潘达瓦的宫殿，位于他们的首都 Indraprastha，坐落于贾穆纳河畔，靠近今天的德里。宫殿是由阿修罗的建筑师玛雅建造的，其地面和顶棚都建造得如此出色，以至于到访者无法将水晶的地面和池中的水区分开。

Ise Grand shrine：伊势神宫，位于日本三重县伊势市的一个神道教神社，供奉着天照—奥美上女神。

Jamuna（Jamna、Jumna）：贾穆纳河，梵文文献中的雅穆纳（Yamuna），起源于神话中的卡林达（Kalinda）山脉。德里城就坐落在这条河岸边。

karma：因果报应，由行为产生普遍因果关系的原则，作为一个广泛应用的术语，在不同的语境中被用来表示行动、行为、命运、因果、效果、结果。

Karna：卡纳，昆蒂（Kunti）在她嫁给潘度之前和太阳神苏利亚（Surya）生的私生子。

kshobh：搅动。

kund：井，印度寺庙里的蓄水池或梯级水箱，用来储存水。

Kurma：神龟俱利摩，印度教中毗湿奴的第二化身。

lota：乌尔都语、印地语词汇，南亚部分地区使用，指小型，通常为球状、由铜或塑料制成的容器，一般用于储存或转移少量液体，如牛奶或水。

La Sagrada Familia：圣家族大教堂，位于西班牙加泰罗尼亚巴塞罗那，是一座目前尚未完工的大型罗马天主教堂，由加泰罗尼亚建筑师安东尼奥·高迪（1852~1926年）设计。

Laxmi（Lakshmi）：拉克希米，财富女神，毗湿奴的配偶。在《吠陀经》中，"拉克希米"一词的意思是"吉祥的"，也适用于幸运的女人。

Le Poeme de l'Angle Droit："直角之诗"，是由瑞士建筑师勒·柯布西耶所作的一系列画作（共19幅）和相应的文章。

maa-gher：曾祖母的家。

maya：玛雅，最高之主的能量，能迷惑众生，使他们忘记自己的灵性本质，也忘记神。

Mahabhinishkraman：伟大的出走。悉达多王子，后来被称为释迦牟尼佛，在29岁时离开皇宫和他的家人去寻找真理。在巴利语的文学传统中，悉达多的这段特殊旅程被称为Mahabhinishkraman。

Mahadev：马哈德夫，湿婆神的名字之一。

mahajans：印度具有古老传统的贸易公会。

moksha：解脱，救赎，字面上是"放开"的意思，是从 *samsara*（轮回）中解脱出来，在重复的死亡和轮回循环中伴生的苦难中解脱出来。

namadhikaran（naamkarana）：印度教传统的命名仪式，正式地为婴儿命名，被认为是确定新生儿身份的第一步。对这家人来说也是一个欢天喜地的时刻，欢迎新生命的到来。

Navaratri：梵文，纳瓦拉蒂节，印度教徒崇拜莎克提（Shakti）的节庆活动。这个词的字面意思是"九个晚上"，nava 是"九个"，ratri 是"夜晚"。

Neti, neti（不是这个，不是那个）：在奥义书（Upanishads）中，梵天被认为是无法描述的。无论说他是什么，都可以看作

neti, neti，因此梵天的许多称号和头衔都是否定的意思。

Om（Omkar）：代表绝对真理的神圣音节。

pagadi：头巾，特指男人戴的头饰，每天需要手工系上戴住。

Pandavas：潘达瓦，潘度王的五个儿子——尤多斯提拉（Yudhisthira）、比玛（Bhima）、阿诸那（Arjuna）、那库拉（Nakula）、沙哈德瓦（Sahadeva）。

Pandu：潘度，多里塔拉什特拉（Dhritarashtra）的兄弟，潘达瓦兄弟的父亲。

pran pratishtha：印度教的一种仪式，以此在寺庙或祭拜场所将神像（*murti*）圣化。

Ramleela：《罗摩衍那》史诗故事的民间复述版本，需要用九个

完整的夜晚讲述，以其不同寻常的创新，用最简单有效的方式讲故事。

ragas：来自梵语，意思是色彩、色调、激情。印度古典音乐中六种基本的音乐模式，每一种都以特定的方式表达不同的情绪，其中某些音符比其他音符更受重视。之所以用 raga 命名，是因为每个 rage 都被认为创造了一种特定的情感效果，"渲染听者的思想，让他 / 她处于某种情绪中。"

rasa：品位的本质。

runanubandh（rinanubandha）：指地球上所有生物之间存在的关系。这种关系构成了人一生中身体和情感各种牵绊的基础。

samadhi：三摩地，恍惚，完全专注于神性意识；这个词也用来指为埋葬圣人而建造的建筑物。

sat-chit-anand：由三个梵语单词 sat、cit、anand 组成的词，分别意为（永恒的）"真理""意识"和"极乐"。

Satyanarayan Katha：即 Sat-yanarayan Puja，以讲述故事（katha）作为伴奏，是在任何重大场合（如结婚、乔迁仪式等）之前进行的印度教仪式，也可以在任何一天以任何理由进行。

Sheshnag：希需那格，天蛇，是毗湿奴在冥界的座位。

shikhara：梵语词，字面意思是"山峰"，这里指印度寺庙建筑中高耸的塔。

shilpa：与"艺术"一词最接近的梵文词是 shilpa，意思是"多样的"或"杂色的"，最初用于指装饰艺术，后来涵盖到所有技能，也包括建筑。

shringar：爱，也被称为 sringara，

在印度教神秘主义中用来象征人类灵魂对神的爱。

smorgasbor：一种斯堪的纳维亚式的自助餐，起源于瑞典，会在桌上摆放各种各样的食物。

sthapati：萨帕迪，建筑师，木匠或建筑大师。

stupa：窣堵波，即佛塔，最初为原始的坟堆，由佛教徒发展和完善，成为他们最具特色的建筑结构。

swabhav：内在的本性、特性或本质。暗示每一个有意识的存在都有其固有的倾向，因此一定的生活方式、生计、责任和行为方式都是适当的。

swaraj：一般指自我管理或自我治理，圣雄甘地曾将其作为"地方自治"的同义词。

tilak：提拉克，额头上眉毛之间

的记号，印度教的象征，代表胜利、成功和好运。

Unite d'Habitation at Nante：南特公寓，根据勒·柯布西耶提出的现代主义住宅设计的建筑。他在欧洲各地以这一概念设计了几个住宅开发项目。

upashraya：耆那教僧尼休息的地方。

Vaishnava：毗湿奴的附属或崇拜毗湿奴。

vastu：堪舆学，风水学，我们周围的整个环境。

Vastushastra：Vāstuśāstra，《建造学》。

vikas：开花。

Vishnudharmottara Purana：毗什努哈穆塔拉史诗，一部印度教文献，描述自然的百科全书。

在叙述中涉及宇宙观、宇宙进化、地理学、天文学、占星术、时间划分、安抚不详的行星和恒星、家谱（主要是国王和圣人）、礼仪风俗、苦修、毗湿奴派信徒义务、法律和政治、战争策略、人畜疾病治疗、烹饪、语法、度量、辞书编纂、修辞学、戏剧、舞蹈、声乐、器乐、艺术等。

vistaar：扩张。

yoga：瑜伽，一种身体、心智、精神的训练，起源于古印度，其目标是实现完美的精神洞察力和平静状态。